Max Wellinghaus

GUIDO

mvgverlag

Bibliografische Information der Deutschen Nationalbibliothek
Die Deutsche Nationalbibliothek verzeichnet diese Publikation in der Deutschen Nationalbibliografie. Detaillierte bibliografische Daten sind im Internet über https://dnb.de abrufbar.

Für Fragen und Anregungen
info@m-vg.de

3. Auflage 2024
© 2015 by mvg Verlag, ein Imprint der Münchner Verlagsgruppe GmbH
Türkenstraße 89
80799 München
Tel.: 089 651285-0

Alle Rechte, insbesondere das Recht der Vervielfältigung und Verbreitung sowie der Übersetzung, vorbehalten. Kein Teil des Werkes darf in irgendeiner Form (durch Fotokopie, Mikrofilm oder ein anderes Verfahren) ohne schriftliche Genehmigung des Verlages reproduziert oder unter Verwendung elektronischer Systeme gespeichert, verarbeitet, vervielfältigt oder verbreitet werden. Wir behalten uns die Nutzung unserer Inhalte für Text und Data Mining im Sinne von § 44b UrhG ausdrücklich vor.

Redaktion: Birgit Walter
Umschlaggestaltung: Kristin Hoffmann
Umschlagabbildung: Mathis Wienand/Getty Images, Shutterstock
Satz: Daniel Förster, Belgern
Druck: GGP Media GmbH, Pößneck
Printed in Germany

ISBN Print 978-3-86882-592-3
ISBN E-Book (PDF) 978-3-86415-774-5
ISBN E-Book (EPUB, Mobi) 978-3-86415-775-2

Weitere Informationen zum Verlag finden Sie unter

www.mvg-verlag.de

Beachten Sie auch unsere weiteren Verlage unter www.m-vg.de

INHALTSVERZEICHNIS

Vorwort 5

KAPITEL 1: GUIDO 9
Eine Kindheit wie in Bullerbü 10
Von der Krankenschwester zum Designer 15
... und dann kam Udo Lindenberg! 18
Unterwegs mit Glühbirne und Talisman 25
Athlet im falschen Körper 30
Ein Weihnachtsbaum namens Herbert 36

KAPITEL 2: EINE HOMMAGE AN DIE FAMILIE ... 43
Danke für alles, Mama! 44
Fünf Geschwister – eine große Liebe 51
Sein Frank, sein Vorbild 54
Schwangerschaft wäre fabelhaft 63
Das Glück kommt auf vier Pfoten 66
Zwischen Berlin und Mallorca 72

KAPITEL 3: DER STOFF, AUS DEM DIE TRÄUME SIND ... 79
Jede Frau kann schön sein 80
Wenn der Kleiderschrank sprechen könnte 86
Ein Hoch auf den BH 90
Bauchtasche bitte ohne Bauch 95
Männer hassen Ballerinas 99

KAPITEL 4: AB INS FERNSEHEN 105
Mit »Shopping Queen« fängt alles an. 106
Bühne frei für das »Supertalent«. 117
Hotter than my daughter. 128
Deutschlands schönste Frau 132
Amerika, hier kommt Guido!. 139

KAPITEL 5: 50 IST DOCH KEIN ALTER 143
Auf Augenhöhe mit den Stars 144
Yoga – sein Trick gegen Kritik. 150
Garten Eden. 155
Muss nur noch kurz die Welt retten. 158
Die Sterne weisen ihm den Weg 162
Guido schneidert sich die Zukunft 167

Auszeichnungen (Auswahl): 175
Quellenangaben 177

Vorwort

Die schönsten Geschichten schreibt bekanntlich das Leben selbst. Man kann ein leicht übergewichtiges, schlaues Mädchen aus dem Osten sein und wird Bundeskanzlerin. »Ich war ein kleiner Junge aus einem minikleinen Dorf und konnte Modedesigner werden. So wunderbar kann Freiheit sein ...«[1] Und so wunderbar kann es nur einer formulieren: Guido Maria Kretschmer, der zurzeit wohl beliebteste deutsche TV-Star. Trifft man ihn persönlich, wird klar, warum ihn alle lieben. Es geht einfach nicht anders. Es ist dieser Mix aus Natürlichkeit und Charme, der diese besondere Aura ausmacht. Diese Gabe, ohne Punkt und Komma – dafür mit Händen und Füßen und in Rekordgeschwindigkeit – zu reden, dabei jedem die unverblümte Wahrheit ins Gesicht sagen zu können, ohne dass man jemals böse auf ihn wäre. Allem voran ist es aber sein Herz. Sein großes, so herrlich kitschig-romantisches, unverdorbenes Herz, das in jedem Menschen etwas Gutes und etwas Schönes sieht. Die »Zeit« nennt ihn nicht grundlos den »sympathischsten Mann Deutschlands«. Dafür schon einmal 10 Punkte, Guido!

Karl Lagerfeld sagt, dass Guido Maria Kretschmer eine ganz besondere Kraft habe. Dass er Dinge verändern, verbessern, ja eben verschönern könne. Und diese Kraft nutzt Guido. »Bei meiner Arbeit kommt mir meine Energie zugute«, erklärt der Designer, der Workaholic, der Perfektionist, der Visionär. Er hat schon immer an seine Ideen geglaubt, an die Macht der Liebe, daran, dass die Welt eben nicht nur schwarz-weiß ist, sondern ein wenig bunter ist, dass sie zwischen gold, champagnerfarben, rosé und koralle changiert. Für diese Vielfalt lebt und schneidert er.

Wie er selbst so gerne erzählt, braucht er dafür nicht mehr als ein weißes Blatt Papier und etwas Muße. Guido schreibt nämlich alles mit der Hand. »Ich glaube an das Handgeschriebene.« An die reine Macht ehrlicher Worte. Auch seine beiden Bücher hat er handschriftlich verfasst. »Eine Bluse macht noch keinen Sommer« und »Anziehungskraft« sind aus unzähligen geschwungenen Linien aus Tinte und Herzblut entstanden. Das mag für viele altmodisch klingen, doch es ist Guidos Art, authentisch zu sein und zu bleiben. Auch im TV. Manche machen sich inzwischen darüber lustig, dass er so oft im Fernsehen zu sehen ist. Einige lästern sogar, dass man ihn bald nicht mehr wird ertragen können. Aber Guido hat sich schon immer in die erste Reihe gesetzt, weil er den Fahrtwind ertragen kann. Er betont erhobenen Hauptes: »Für die zweite Reihe bin ich nicht gemacht.«

Nein, das ist er wahrlich nicht.

Das war schon immer so. »Mama, eines Tages bin ich in der Kiste«, frohlockt er bereits als Kind. Mit Kiste meint er das Fernsehen. Wie sehr er damit recht behalten sollte, weiß inzwischen das ganze Land. Dabei hat er das Rad nicht einmal neu erfunden oder, besser gesagt, den Stoff, aus dem bekanntlich die Träume sind. Nein, er ist einfach ein Mensch, der jede Menge Ahnung von Mode hat und nebenbei über Promis und Probleme plaudert. Ein Gentleman, der Frauen wie Männer über das Shoppengehen belehrt. Und doch ist Guido so viel mehr ...

Seine Freundin, »Zimmer frei«-Moderatorin Christine Westermann, beschreibt es so: »Mit Guido zusammen zu sein ist Kino, ist Glück, ist Beseeltsein.«[2] Wer einen Abend mit Guido Maria Kretschmer verbringt, wird mit einem Lächeln ins Bett gehen. Seine Freunde bestätigen, dass er sich im Fernsehen so präsentiert, wie er wirklich ist.

Unverstellt. Unprätentiös. Vielleicht weil Guido es einfach zu wichtig ist, nie zu vergessen, wer er ist und woher er kommt: »Ich bin genauso der Guido geblieben, der da immer war«[3], betont der Designer. Meistens, so sagt er, schläft er heute noch mit einem Stück Stoff zwischen seinen Fingern ein. Wie damals schon als Kind. Dann spürt er die Baumwolle in den Händen und spinnt sich seine Zukunft neu.

2015 feiert »Mr Shopping Queen« seinen 50. Geburtstag. Halbzeit, wie man sagen möchte. Zeit, die Dinge Revue passieren zu lassen und zu prüfen, ob der Anzug des Lebens überhaupt noch passt oder ob er nicht hier und da ein wenig zwickt und die eine oder andere Naht nachgebessert werden müsste.

50 Jahre Guido, das sind fünf Kapitel voller textiler Leidenschaft.

KAPITEL 1

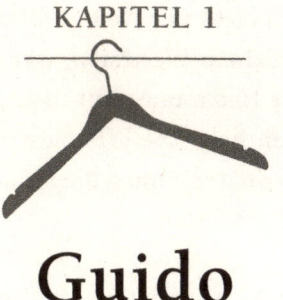

Guido

Eine Kindheit wie in Bullerbü

Der 11. Mai 1965 ist ein Dienstag. »Downtown« von Petula Clark steht an der Spitze der deutschen Single-Charts und Salvador Dalí feiert seinen 61. Geburtstag, als in einem Krankenhaus in Münster ein Junge das Licht der Welt erblickt. Zu diesem Zeitpunkt ahnt niemand in Nordrhein-Westfalen, wer denn da so herzzerreißend schreit. Auch die Hebamme ahnt nicht, welchen späteren Star sie da in ihren Händen hält. Die Windel wird das erste Kleidungsstück des Mannes, der später einmal die Modewelt erobern soll. Sein Name: Guido Maria Kretschmer.

Guido wächst in Einen auf, einem Ortsteil des malerisch im östlichen Teil des Münsterlands gelegenen Warendorf. Die Landschaft prägen Äcker, Wiesen und Weiden, vereinzelte Wäldchen und die Ems, die sich neben der Werse durch die Münsterländer Parklandschaft schlängelt. Wird Guido nach seiner Kindheit gefragt, beschreibt er sie »wie in Bullerbü!«. Er wird groß in einer Mehrgenerationenfamilie inklusive Oma und Opa. Mit Tieren, viel Freiheit, Fantasie und dörflicher Idylle. Eben ganz wie die Helden Lisa, Lasse, Bosse, Inga, Britta, Ole und Kerstin aus Astrid Lindgrens »Wir Kinder aus Bullerbü«. Nur dass Guido eben nicht auf hohe Bäume klettert oder Krebse fängt, sondern bereits mit neun Jahren an der Nähmaschine sitzt. Er träumt damals schon von einer Karriere als Designer. Dass die anderen Buben im Dorf alle Feuerwehrmänner werden wollen, ist ihm egal. Er will nicht dorthin, wo es brennt. Er will nicht ins Feuer springen. Guido sieht seinen Job beim Feuerlöschen vielmehr darin, am Rand zu stehen und zu hoffen, dass alle überleben, und anschließend den Helden Schnittchen zu schmieren. »Das wäre eher meins«, gesteht er.

Dass Guido die Fähigkeit besitzt, wie kaum ein anderer auf Menschen zuzugehen, zeichnet sich bereits als Kleinkind ab. Wie Mutter Marianne verrät, ist sein erstes Wort, das Guido erlernt, nicht »Mama« oder »Papa« und auch nicht »Ball«, wie es bei vielen Jungen der Fall ist, sondern »Hallo«. Zum ersten Mal spricht er es wohl an einem Sonntag aus, an dem die ganze Familie sich um ihn versammelt. Als alle ihn anschauen, begrüßt er seine Liebsten, höflich wie er nun einmal ist, mit einem klar und deutlich formulierten »Hallo«. Rückblickend meint Guido über diesen Moment, dass das sehr viel über ihn aussagt. Es soll zudem kein einziges Kinderfoto geben, auf dem der heutige Designer nicht von Textilien umgeben ist. Immer zieht er gerade eine Gardine glatt oder hat ein Kissen auf dem Schoß.

Jeder Versuch, den aufgeweckten Jungen für etwas anderes als für Textil zu begeistern, scheitert. Auch das Musizieren wird eher als lästige Pflicht angesehen. Als er in den Sommerferien ein Instrument lernen soll, kauft ihm Mama Marianne dafür extra eine nagelneue Blockflöte. Doch statt die Tonleiter zu üben und sich den Noten zu widmen, konzentriert sich Guido auf die Optik und näht erst einmal eine neue Tasche für sein Instrument. Anschließend bemalt er die Flöte und beklebt sie mit Steinchen. Stolz wie Oscar präsentiert er seiner Mutter schließlich sein erstes musikalisches Meisterwerk. Über ihre Reaktion sagt er nur: »Die ist ausgeflippt.«

Seinen ersten Schritt ins Rampenlicht wagt er ein paar Jahre später, als Messdiener in der kleinen katholischen St.-Bartholomäus-Kirche. Nicht deswegen, weil er besonders gläubig ist. Nein, für seine Entscheidung, dem Dorfpfarrer beim Gottesdienst zu assistieren, gibt es vielmehr einen fast blasphemischen Grund – Guido will dieses herrlich rote Messgewand tragen und eben auf der Bühne stehen. Wenn schon jeden Sonntagmorgen der Kirchenbesuch auf dem Programm steht, dann wenigstens oben mit dabei sein. Im Rampenlicht.

Da, wo er hingehört. Die Zeit als Messdiener bringt auch einen praktischen Vorteil mit sich: All die Frauen in ihren guten Kleidern oder mit den teils viel zu eng sitzenden Blusen brennen sich tief in seine »Festplatte« ein. Von oben hat er den idealen Blick auf die Gemeinde. Ein Sonntag in der Kirche, so weiß er heute, schult das textile Auge enorm.

Die gewonnenen Erkenntnisse setzt er im Alter von neun Jahren zum ersten Mal an Omas Nähmaschine um. Das Licht der PFAFF 260 beschreibt er heute als seinen ersten Scheinwerfer. Die Nähmaschine ist für ihn von Anfang an ein stichelndes Wunderwerk, etwas, mit dem er sich ausdrücken kann. Endlich kann er mit der Handnäherei aufhören, sich mithilfe der Technik ganz auf seine Visionen und Ideen konzentrieren. Überall holt sich Guido seine Inspiration her. Wie oft seine Mutter mit dem Auto zurücksetzen muss, wenn sie auf der Straße eine Frau überholt, deren Kleid er noch einmal sehen will, weiß er nicht mehr. Später als Teenager sitzt Guido mit wachem Blick und seinem Zeichenblock bewaffnet in den Damenabteilungen von Kaufhäusern, schlürft Florida Boy oder Capri-Sonne und betrachtet die Frauen genau. Hier sieht er, was den Damen steht und was nicht, und lernt dadurch früh, wie man Frauen positiv sagt: »Lass das liegen, Schatz.« Hier wird »Shopping Queen« geboren.

Seine erste Kundin, wie könnte es anders sein, ist natürlich Mama Marianne. Er näht ihr eine Weste, die im Umfeld so gut ankommt, dass sie noch fünfmal von deren Freundinnen bestellt – und bezahlt – wird. Denn Guido näht nur gegen Bares. Tatsächlich hat er noch nie Taschengeld bekommen! »Seitdem ich denken kann, bin ich selbstfinanziert«, sagt er nicht ohne Stolz. Sein Können an der Nähmaschine spricht sich schnell herum. Bereits mit zwölf Jahren schneidert er für Freunde und Nachbarn, für Karnevals- und Schützenvereine – und wird dabei von seinen Eltern nicht nur ermutigt, sondern auch bedingungslos unterstützt. Sein Vater baut schließlich das Gartenhäuschen für ihn um, richtet ihm darin ein eigenes Atelier ein, in dem Guido all seinen textilen Träumen Leben einhauchen kann. Es gibt sogar ein richtiges Schild, auf dem »Guidos Nähstube« steht. Mit 14 Jahren geht der Jungdesigner regelrecht in Massenproduktion. Zwei Jahre später nimmt das Guido'sche Textilimperium solche Ausmaße an, dass sein Vater die Aufmerksamkeit der Finanzbehörden zu fürchten beginnt und die Reißleine zieht oder, besser gesagt, den Faden kappt. »Guido«, sagt er, »wir müssen dich jetzt steuerlich anmelden, so geht das nicht weiter!«[4] Zu diesem Zeitpunkt halten bereits die ersten Lkw vor dem Hause Kretschmer, um ballenweise Stoffe zu liefern.

Guidos Begeisterung für Textil wird auch von den Mitschülern akzeptiert. Da er von jeher einen engen Bezug zu Textilien hat, überrascht sie sein Umfeld nicht. Auch mit seiner Homosexualität hat keiner ein Problem. Ganz im Gegenteil. Seine Schwester Gudrun findet es sogar »ganz exklusiv«, meint zu ihm, wie aufregend sie es fände, dass er schwul sei. Guido hat deshalb nie das Gefühl, dass da irgendeiner in seinem Leben ist, der ihm sagt: »Oh, das geht nicht!«

Und so kann er sich in seiner Kindheit kreativ regelrecht austoben. Wenn seine Eltern mal nicht da sind, gestaltet er das Haus kurzerhand neu. Mal dekoriert er das Esszimmer zum Wohnzimmer um, mal verrückt er die Möbel, um ein schöneres Wohngefühl zu erschaffen, oder näht neue Gardinen. Guido liebt die Veränderung, er braucht sie. Aus Angst, er könnte sich bei seinen Umräumaktionen irgendwann einmal verletzen, bekommt er von seinen Eltern sogar kleine Rollen für jedes Möbelstück, denn Guido transportiert bisher die Tische auf seinem Rücken. Jahre später, als junger Student, nimmt er eine Putzstelle bei einem Ehepaar an. Bei denen sieht es aus wie bei Hempels unterm Sofa. Auch da räumt Guido gleich am ersten Tag die ganze Bude um. »Die kamen zurück in ein völlig neues Haus«, erzählt er mit diesem Grinsen in der Stimme. Guido ist happy, der Hausherr weniger.

Die Putzstelle ist Guido sofort wieder los, seine Verbundenheit zu den Möbeln jedoch bleibt. Noch heute hat Guido den Stuhl in seiner Villa stehen, auf dem er Schreiben lernte. Das ist ein kleiner Rokokostuhl im Stil von Louis XV, den ihm sein Vater absägen muss, weil Guido sonst zu hoch über der Schreibtischplatte sitzen würde. Der Stuhl ist inzwischen schon 15-mal neu bezogen worden und hat einen Ehrenplatz in Guidos Schlafzimmer. Auch von seinem Biedermeiersekretär trennt sich der Designer nicht. Er ist 13 Jahre alt, als seine Eltern einen Acker verkaufen, der überraschend zu Bauland wurde, und ihre Kinder an dem Gewinn teilhaben lassen. Als Guido dann eines Tages mit seiner Mutter durch die Stadt schlendert und in einem Geschäft ebendiesen Biedermeiersekretär entdeckt, ist es um ihn geschehen. Schon als Teenager so etwas Wertvolles zu bekommen, »das war überwältigend für mich«, zeigt er sich heute dankbar. Man kann sich gut vorstellen, wie er damals an diesem Sekretär sitzt, von der Schönheit dieses Möbelstücks inspiriert, und er anfängt zu zeichnen.

Von der Krankenschwester zum Designer

Wenn Guido in seiner Kindheit gerade einmal nicht an der Nähmaschine sitzt, ist er im Krankenhaus. Nicht, weil er sich geschnitten oder sonst irgendwie verletzt hat. Nein, dafür ist er zu geschickt mit seinen Fingern. Guido ist in der Klinik, weil ihm die Menschen dort leidtun. Er empfindet so viel Empathie für die Patienten, dass er ihnen schlicht helfen will. Und das, sooft es eben geht. Fast jeden Sonntag ist er dort. Um 5.30 Uhr steht er auf, marschiert angekleidet und voller Tatendrang ins Schlafzimmer seiner Eltern und offenbart seiner schlummernden Mama mit einem fröhlichen Lächeln, dass sie ihn jetzt ins Krankenhaus fahren sollen. »Meine Eltern«, so sagt er später, »haben mich dafür gehasst!«

Hätte er als Teenager schon gewusst, dass man mit Mode so viel Geld verdienen kann, um gut davon zu leben, hätte er nach dem Abitur wohl sofort Design studiert. Doch Guido entscheidet sich für den konventionellen Weg und beschließt, etwas Fundiertes zu lernen. Was also liegt näher als ein Medizinstudium? Zunächst beginnt er eine »Ausbildung zur Krankenschwester«, wie er es selbst nennt. Und zwar am altehrwürdigen St.-Franziskus-Hospital in Münster. Da hockt er nun im Unterricht der Berufsschule, ganz in Schwarz gekleidet. Die Haare ebenso schwarz gefärbt. Er büffelt Medizin, träumt aber von Mode. Und so näht er bei seinem Praktikum im Krankenhaus den Arztkittel erst einmal in einen Zweireiher um, selbstverständlich mit Stehkragen und passender Hose. Dass die »Textilinquisition« diesem Treiben bald ein Ende macht, überrascht kaum. Auch darüber hinaus eckt Guido immer wieder an. Den Nonnen wird das irgendwann zu viel: »Danke, Herr Kretschmer«, heißt es eines Tages, »Sie können gehen!«

Ordensschwester Juvenalis, seine Lehrerin an der Berufsschule, hat ihn bis heute nicht vergessen. Wie könnte sie auch. Er ist damals schon ein Star, erinnert sie sich. Allerdings ist Guido nicht immer der Beliebteste in der Klasse. Er hat es schwer, weil er eben außergewöhnlich ist. Doch Schwester Juvenalis hält zu ihm, als eine der wenigen. »Meine Lehrerin war eine große Stütze«, betont Guido. Der Chefarzt setzt sich ebenfalls für ihn ein. Er verteidigt Guido, sagt, dass er ein feiner Junge ist und er mächtig stolz wäre, einen solchen Sohn zu haben. Doch die Lobby kommt zu spät. Guido hat sich bereits entschieden, das Studium zu schmeißen. Dennoch profitiert er noch heute von dieser Zeit. Er lernt, Menschen sehr nahe zu kommen, hat keine Angst vor Körpern und weiß, wie die Anatomie funktioniert. Die besten Voraussetzungen, um passende Mode zu schneidern.

Guidos Stammkunden in seiner heimatlichen Nähstube sind zu dieser Zeit die Prostituierten der Gegend. Während andere Männer jede Menge Geld zücken, um diese Damen auszuziehen, zieht er sie für Geld wieder an. Und macht sie schicker als zuvor. Dem Designer waren das die liebsten Kunden, da sie immer Bargeld dabei hatten. Noch heute schlägt sein Herz für alle, die auf der Straße im Einsatz sind. Er habe da so viele feine Frauen kennengelernt, die er nicht missen möchte. An eine Geschichte erinnert sich Guido besonders gerne: Sie handelt von einer Domina, eigentlich einer Chemiestudentin, die nebenbei als Domina arbeitet. Guido mag sie sehr. Eines Tages will sie dem kleinen Schneiderlein – Guido ist damals noch etwas jünger – ihre Wohnung zeigen. Er solle sich doch einmal ansehen, wie sie so lebe. Also macht Guido es sich in ihrer Küche gemütlich und knabbert gerade an einem Schokoriegel, als es an der Tür klingelt. Ein Kunde ist da. Oha! Weil es jedoch gerade so gesellig ist und die Domina ihren kleinen Gast noch nicht nach Hause schicken will, greift sie kurzerhand zu einer eher unorthodoxen Methode –

und zu jeder Menge Alufolie. Erst wickelt sie den Kunden mit der Silberfolie ein, dann sperrt sie ihn raus auf den Balkon und schimpft ihn aus: »Die einzigen Fesseln, die ich dir heute schenke, sind die Augen der Nachbarn.«[5] Tür zu. Gardinen vor. Zurück zu Guido in die Küche, der mit großen Augen am Tisch sitzt und den erstaunten Mund zu einer Frage formt: »Der zahlt doch nicht dafür, oder?« Nach ein paar Minuten hat die Domina schließlich ein Einsehen mit dem Mann. Sie holt ihn zurück in die Wohnung und scheucht ihn wie einen Hund durch die Räume. So zumindest läuft der jugendfreie Teil ab. An diesem Tag wird Guido klar, warum seine Freundin, die Domina, so einen schicken, herrischen Look braucht.

Dass Kleider nicht nur Leute, sondern manchmal auch Kinder machen, ist eine weitere Anekdote, die Guido mit Freude erzählt. Einmal näht er ein Pferdekostüm für eine Frau, die an Karneval damit ihren Mann betrügt. Das Dumme an dieser Geschichte ist, dass der Ehemann sterilisiert und die Frau plötzlich schwanger ist. Nachher glaubt sie – und das findet Guido äußerst amüsant –, er sei mit schuld an der Babymisere. Weil das Kostüm so toll war und sie damit so eine heiße Stute war. Guido findet diese Logik äußerst amüsant.

Doch um sein Leben lang Karnevalskostüme oder Uniformen für Dominas zu entwerfen, nein, dafür hat ihm der liebe Gott nicht dieses textile Talent in die Wiege gelegt. Deshalb beschließt Guido im Alter von 21 Jahren, in Deutschland seine Zelte abzubrechen und sein Glück im sonnigen Süden zu versuchen. Er will nach Barcelona, um dort Modedesign zu studieren. Er weiß, was er kann. Und hat mit seinem Freund Frank Mutters einen Menschen an seiner Seite, der an ihn glaubt. Im Sommer 1986 heißt es: Adiós, Münster. Hola, España!

... und dann kam Udo Lindenberg!

Barcelona – schon der Name klingt nach Café con leche in einem der zahlreichen Lokale an der Plaça de Catalunya, nach fruchtiger Sangría am Sandstrand der Costa Brava und tanzenden Sonnenstrahlen auf der Haut. Und Barcelona klingt nach Geschmack, nach Stil und Glamour. Neben bekannten Labels wie Mango und Custo sind in der Metropole am Mittelmeer viele aufstrebende Modedesigner zu finden. Barcelona ist »the place to be«! Guido zieht es magisch hierher. Trotz damals noch unzureichender Spanischkenntnisse schafft er es, an der Fachhochschule aufgenommen zu werden: »Der Dozent sagte zu mir, er habe noch nie so sehnsüchtige und lebendige Augen für Mode gesehen.«[6]

Doch von Sehnsucht allein kann niemand leben, geschweige denn einen knurrenden Magen füllen. Guido muss also Geld verdienen. Gemeinsam mit seinem Freund Frank siedelt er nach Ibiza über, um auf dem Hippiemarkt »Las Dalias« seine selbst genähten Kleidungsstücke zu verkaufen. An jenen Sommer denkt Guido gerne zurück. Vielleicht weil er spürt, auf dem richtigen Weg zu sein. Vielleicht auch weil er sich das erste Mal in seinem Leben so richtig frei fühlt. Und diese Freiheit leben Guido und Frank aus – als Hippies, ohne Strom, ohne fließendes Wasser. Sie wohnen in einer alten Finca, die gut und gerne 500 Jahre alt ist. Mitten im Haus steht ein Brunnen. »Ich hatte eine Wäschepresse. Und wir haben auf der Wiese Wäsche gebleicht«[7], erinnert sich Guido. Seine Nähmaschine betreibt er mithilfe eines Generators. Und was er näht, kommt an.

Guidos Modestand, den er für ein paar Peseten mietet, ist immer gut besucht, die Kunden sind entzückt. Doch der Zufall will es – oder war es Schicksal? – , dass eines Tages kein Geringerer als Udo Lindenberg über den Hippiemarkt schlendert. Udo ist auf Ibiza, um Nina Hagen zu besuchen, und nutzt die Zeit für einen Shoppingausflug. Man sieht es bildhaft vor sich, wie der Rockmusiker, den Hut lässig ins Gesicht gezogen, an den Ständen entlangspaziert, als plötzlich sein Blick durch die schwarze Sonnenbrille hindurch textil gefesselt wird. Er hält an Guidos Stand, durchstöbert die einzelnen Wunderwerke aus Stoff und nuschelt in bekannter Udo-Manier: »Ach, das sind ja tolle Klamotten.« Ob Guido nicht Lust habe, was für ihn zu machen? Guido hat Lust. Und wie! Also entwirft er fünf Jacken aus Brokat für das Bühnenoutfit des Kultsängers. Am Ende dieses Sommers verdient Guido damit seine ersten 5000 D-Mark und kauft sich von dem Geld eine zweite Nähmaschine: »Ich dachte mir: Vielleicht kann ich ja doch Designer werden.«[8]

Tatsächlich ist Udo nicht der Einzige, der Guidos außergewöhnliches Talent erkennt. Auch eine Stewardess kauft regelmäßig bei ihm ein – und genau damit fängt sie an, Guido Maria Kretschmers beispiellose Karriere. Denn der Chef dieser Stewardess ist ebenfalls von Guidos Kreationen begeistert. Mehr noch: In dessen Unternehmen wird gerade jemand gesucht, der eine neue Uniform entwickeln soll. Also setzt sich Guido hin und zeichnet Entwürfe. Sechs Monate später gewinnt er die Ausschreibung und erhält damit 1987 von der Fluggesellschaft Hapag Lloyd seinen ersten Großauftrag.

Mit gerade einmal 22 Jahren gründet Guido sein erstes Unternehmen, »GMK by pepper«, zudem das Modelabel »Guido Maria Kretschmer Corporate Fashion«. Und das, obwohl er damals noch gar keine Ahnung hat, wie Fabrikation überhaupt geht. »Ich habe dann irgendwie angefangen, war gut organisiert und habe das ganze Ding gestartet«[9], beschreibt er diese fast einmalige Erfolgsgeschichte. Innerhalb von wenigen Jahren wird er zum Marktführer im Bereich Corporate Fashion, also für moderne Mitarbeiter- und Messebekleidung.

Große Unternehmen beauftragen den Jungdesigner, ihre Firmenmode zu kreieren und zu produzieren. Die Deutsche Telekom, der Touristikkonzern TUI, die österreichische Supermarktkette SPAR, der Schreibgeräte- und Schmuckhersteller Montblanc, die Musical-Produktionsfirma Stage Entertainment sowie die renommierten Hotelketten Kempinski und Maritim zählen bis heute zu seinen Kunden. »Ich glaube, ich habe mein Handwerk einfach gut gelernt«, zeigt sich Guido bescheiden. Er arbeitet für Frauen und Männer aus der ganzen Welt, von Deutschland über Asien bis in die USA. Jedes Land empfindet Mode anders und jedes Land geht anders damit um. So werden zum Beispiel in Hongkong und in Chicago Kleidungsstücke auf unterschiedliche Weise gewaschen. Guido weiß das. Er hat längst ein Gefühl für Proportionen und Qualität entwickelt. Und Qualität hat bekanntlich ihren Preis. Zwei Drittel seines Umsatzes erzielt er heute mit Berufsbekleidung. Oder wie Guido es formuliert: »Ich kann es mir gar nicht leisten, nicht kommerziell zu sein!«[10]

Auf Partner und Sponsoren verzichtet der Modemacher bis heute. Sein Unternehmen trägt sich selbst und er möchte, dass das auch so bleibt. Weil er so einfach selbstständig in seinem eigenen Laden bleiben kann. Aus dieser Überzeugung resultiert sein Ratschlag an alle, immer nur so weit zu springen, wie man kann.

Doch es ziehen noch 16 weitere Jahre ins Land, bis Guido mit seiner Mode auch die Bühne erobert. 2003 wird dieser Traum endlich wahr. Auf einem Kreuzfahrtschiff, das von Hongkong aus unter dem Motto des »Deutschland-Jahres in Japan« startet, lernt Guido die Schauspielerin Katharina Thalbach kennen. Eine »Blitzfreundschaft«, wie er es nennt. Und ein Glücksfall. Guido präsentiert bei einer Modenschau an Bord wie gewohnt seine Berufskleidung »made in Germany«. Die Schauspielerin ist von den Uniformen begeistert und fragt den Designer, ob er nicht Lust hätte, auch einmal für das

Theater zu arbeiten. Kurz darauf gestaltet Guido Katharinas Kostüme für ein Oscar-Wilde-Stück. »Das war die Erfüllung, endlich einmal zu wissen, für wen man etwas macht.«[11] Zu sehen bekommt Katharina Thalbach die fertigen Kostüme erst am Tag der Premiere, sie vertraut Guido und seinem Gespür blind. Noch heute schwärmt sie von seinen unglaublich schönen Kostümen, »die er teilweise auch während der Proben neben mir beim Inszenieren nähte ... und hier noch 'ne Perle dran und da noch ein Stückchen Fell.«[12]

Das Treffen mit Katharina Thalbach entwickelt sich zu einem Türöffner.

Es folgen die Zusammenarbeit mit Detlef Buck für den Kinderfilm »Hände weg von Mississippi« und die Ausstattung für Vanessa Jopps Komödie »Meine schöne Bescherung«, in der Guido sogar eine kleine Nebenrolle als Bernd Schmitz übernimmt. Er stattet die Deutsche Oper Berlin für »Der Barbier von Sevilla« aus und macht sich zunehmend einen Namen in der Filmbranche. Für die Komödie »Rubbeldiekatz« mit Matthias Schweighöfer in der Hauptrolle holt ihn Regisseur Detlef Buck das zweite Mal mit ins Boot. Erneut entwirft Guido nicht nur die Kostüme, sondern übernimmt auch einen kleinen Part, diesmal als Steward. Doch Guido zieht es nicht vor die Kamera, sondern zurück an die Nähmaschine.

2004 folgt der nächste Schritt in Richtung Glamour: Der Designer gründet sein neues Label »Guido Maria Couture« und präsentiert seine exklusiven Abendkleider erstmals auf den Laufstegen von Tokio und Schanghai. 2005 feiert er sein Debüt auf der Fashion Week in Berlin und wird von der Szene als neuer Stern am deutschen Modehimmel umjubelt. 2008 präsentiert er die Couture-Linie »be my friend« zum »New Faces Award« der Zeitschrift »Bunte«, Chefredakteurin Patricia Riekel überredet ihn dazu. Bei der alljährlichen

Mercedes-Benz Fashion Week gilt seine Runway-Show inzwischen als DER Höhepunkt dieses Events. Spätestens jetzt ist Guido aus der Modewelt nicht mehr wegzudenken.

Plötzlich ist er gefragt. Als er wenige Jahre später seine heutige Wohnung in Berlin-Schöneberg bezieht, bekommt die Nachbarin mit, dass er etwas mit Mode zu tun hat. Sie wünscht ihm »toi, toi, toi« und ein »gutes Gelingen für die Zukunft«. Wohl mehr aus Höflichkeit, denn von seinem Erfolg ist sie kaum überzeugt. Es fällt nicht schwer nachzuvollziehen, wie diese Frau ihn mit einem besorgten Seufzen im Flur begrüßt, ihm ab und an ein Stückchen Kuchen vorbeibringt, weil er so ein Netter ist und es doch so schwer hat als Männerschneider. Wahrscheinlich denkt sie, er solle besser als Versicherungsvertreter arbeiten. Oder sie möchte ihn mit ihrer Tochter verkuppeln. Ein paar Wochen später fragt dieselbe Dame entgeistert: »Hab ich gestern bei Ihnen im Wohnzimmer Heino Ferch in der Unterhose stehen sehen?«[13] Seitdem ahnt sie, dass das mit der Mode klappen könnte. Das mit ihrer Tochter allerdings nicht.

Auch Kolleginnen des Schauspielers Heino Ferch wie Jasmin Tabatabai und Martina Gedeck gehen jetzt bei Guido ein und aus. Meret Becker bezeichnet seine Kleider als »sinnliche Stoffträume«. Der Berliner Designerkollege Michael Michalsky bekundet: »Hier ist doch Platz für uns beide.«

Trotz seines Erfolgs bleibt Guido bodenständig. Jeden Job in seiner Firma macht er im Laufe der Jahre einmal selbst. Er arbeitet im Lager, in der Verwaltung und in der Schnittabteilung, übernimmt sein eigenes Marketing, schreibt Rechnungen und wäscht zwischendurch sogar die Autos. Er ist der Chef, der abends mit dem Besen noch einmal durchgeht. Er ist der Erste, der kommt, und der Letzte, der geht. Und dadurch, dass er jeden Arbeitsbereich aus eigener

Anschauung kennt, weiß er, worauf man im Einzelnen achten muss. »Für meine Mitarbeiter ist es manchmal schwierig, weil ich sehr pingelig bin und immer alles so in Schuss haben will«[14], gesteht Guido. Wenn er auf irgendetwas vertrauen kann, dann auf sich selbst – und der Rest muss organisiert sein. Egal, wie herzlich Guido privat ist, im Job ist er der Chef. »Dann habe ich das Krönchen auf.«

»Textildiktator« nennt er das. Der Titel stammt von ihm selbst. Guido verwendet ihn in Bezug auf seine Arbeit als Designer. Denn wenn er eine neue Kollektion entwirft, lässt er sich tatsächlich von niemandem reinreden. Pampig oder gar laut wird er als Chef trotzdem nie. Er ist kein Schreier. Muss er auch nicht. Er stellt lieber in leisen Tönen klar, was er möchte, und hat das Talent, den Leuten dabei kontinuierlich ein schlechtes Gewissen zu bereiten. Das kann er gut. Ein geflüstertes »Weißte, das hat mich schon enttäuscht« hat in Guidos Augen mehr als plumpes Türenknallen.

Sein »Nähkampftrupp« aus Münster kann das nur bestätigen. Seit 25 Jahren halten ihm seine Damen die Treue, reisen überall mit hin, um ihm bei all seinen Projekten unter die Arme zu greifen. Zuletzt auch bei der Fashion Week in Berlin, wo sie im vornehmen Showroom in Charlottenburg der neuesten GMK-Kollektion nach seinen Wünschen den letzten Schliff verliehen.

Dass dabei in erster Linie Mode für Frauen entsteht, ist kein Zufall. Guido liebt Frauen, weil er ihnen alles zu verdanken hat. Er ist gerne mit ihnen zusammen, hört ihnen zu und mag ihre Gefühlswelten. Der Designer sagt, dass er sich wunderbar mit Frauen amüsieren könne. »Mit Männern natürlich genauso«, aber es gebe eben etwas, das sei so ein »fraueneigenes Ding«. Wenn Frauen zusammen sind, wenn sie sich gut verstehen, entstehe eine unglaubliche Dynamik, »und das ist eine Energie, die ich sehr schätze«. Sowieso ist Guido der Ansicht, dass Frauen den Männern »eine ganze Menge« voraushaben: nicht nur, dass sie Kinder kriegen können. Das allein ist ja schon ein Riesending. Frauen beherrschen auch das Multitasking. Wenn Frauen sich zusammentun, können sie alles schaffen. Und Guido sorgt dafür, dass sie bei all ihren Plänen gut und passend angezogen sind.

Am Ende des Tages aber ist Guido die Marke Mensch wichtiger als die Modemarke. Das ist sein Credo. Egal, mit wem er arbeitet und wo.

Unterwegs mit Glühbirne und Talisman

Guido nennt sich selbst einen »Zuschnapper«. Seine Freunde bezeichnen ihn treffenderweise als Workaholic. In der Tat ist sein Terminkalender immer voll. Für einen wie ihn, so scheint es, müsste der Tag eigentlich mehr als 24 Stunden haben. »Ich bin schon fleißig«, bemerkt er zurückhaltend. Er hetzt von Interviews zu Teammeetings, von Dreharbeiten zu Modenschauen, von Kundengesprächen zu Galaabenden. Daran, dass er einen Großteil des Jahres allein in irgendwelchen Hotelzimmern verbringt, hat er sich gewöhnt. Das macht ihm auch nichts aus. »Ich bin gerne bei mir«, sagt er. Mit der Einrichtung der jeweiligen Suiten steht der Designer allerdings auf Kriegsfuß. Kaum hat er eingecheckt und betritt sein Appartement, springt sie auch schon an, die Kretschmer'sche Dekomaschine.

Das Prozedere erinnert ein wenig an die Szene in dem Film »Mary Poppins«, in der das Kindermädchen erst einen mannshohen Hutständer, dann einen goldenen Wandspiegel, eine Zimmerpflanze und zu guter Letzt eine Stehlampe mit Glasschirmchen im Rokokostil aus seiner kleinen Reisetasche zaubert. In Guidos Koffern befindet sich zwar kein Mobiliar – obwohl er vielleicht schon darüber nachgedacht hat –, aber Glühbirnen. Jede Menge Glühbirnen. Sobald er in seiner Suite ist, hängt er sämtliche Bilder ab, die ihm nicht gefallen, und tauscht anschließend die Energiesparlampen gegen die mitgebrachten Glühbirnen aus. Nur einmal vergisst er sie. Er liegt auf dem Bett und hält ein vom Zimmerservice geliefertes Clubsandwich in der Hand, als sich die Energiesparlampe auf seinem Nachtkästchen als Horrorstrahler entpuppt. Dieses kalte Licht kostet Guido den letzten Nerv. »Alles wird heller und heller und plötzlich siehst du aus wie eine Wasserleiche!«[15] Kurze Zeit später kauft Guido knapp

1000 Glühbirnen auf Vorrat. Einmal Wasserleiche gewesen zu sein reicht für ein ganzes Leben.

Neben den Glühbirnen dürfen vier weitere Dinge in seinem Koffer niemals fehlen: sein eigenes Kopfkissen, Fotos von seinem Mann Frank, ein paar Schnappschüsse von seinen treuen Windhunden und natürlich sein Talisman, der unter anderem eine Wimper von Papst Johannes Paul II. enthält.

Das Wort »Talisman« stammt aus dem Altgriechischen und bedeutet »geweihter Gegenstand«. Im Arabischen wird Talisman mit »Zauberbild« übersetzt. Zauberbild, ja, das passt besser zu Guidos Glücksbringer. Da Guido in einem katholischen Krankenhaus zur Welt kommt, bekommt er zur Geburt eine kleine Plakette mit dem Bild einer Nonne geschenkt. Seine ganze Kindheit über ist dieses Accessoire sein ständiger Begleiter. Er nimmt es tagsüber mit in die Schule und legt es nachts im Bett unters Kopfkissen. Oder er hat es einfach bei sich, in der Hosentasche oder neben der Nähmaschine. Diese Plakette gibt ihm ein gutes Gefühl. So, als ob jemand seine Hand schützend über ihn legt.

Allerdings wäre Guido nicht Guido, wenn er das schlichte Kleinod nicht ein wenig aufpeppen würde. Frei nach dem Motto »Pimp up my Talisman« steckt er es in ein neues »Kleid« und verschönert es mit einem indischen Silberrahmen. Das Ganze hängt er an eine edle Kette, damit er sie leichter mit sich führen kann.

Jahre später, er ist gerade auf dem Sprung nach Spanien, liegt seine über alles geliebte Oma im Sterben. Guido hängt wahnsinnig an ihr. Seine Großeltern haben schließlich mit ihnen zu Hause unter einem Dach gelebt, er ist mit ihnen groß geworden. Bevor er sein Studium in Barcelona beginnt, fährt er noch einmal ins Krankenhaus, um sich von seiner Oma zu verabschieden. Er weiß, dass sie ihn nie wieder aus ihren gütigen Augen anlächeln wird. »Auf Wiedersehen im Himmel«, sagt sie zu ihm. Da entdeckt er eine kleine Wimper auf ihrer Wange. »Oma«, fragt er, »darf ich die Wimper mitnehmen?« Vorsichtig legt er dieses letzte zarte Andenken an seine Großmutter in eine Tüte, verschließt sie und geht. Wie viele Tränen er auf dem Weg zum Flughafen vergossen hat, weiß er vermutlich selbst nicht mehr.

Da es ihm unpassend erscheint, die Wimper seiner Großmutter in einer Tüte aufzubewahren, bettet er sie in seinen Talisman ein und trägt sie fortan an seinem Herzen. Doch es sollte nicht bei dieser einen Wimper bleiben.

Guido nimmt in Begleitung seiner Freundin, der Schriftstellerin Ildikó von Kürthy, an der Geburtstagsfeier des Starfriseurs Udo Walz teil. Man trinkt, lacht, tauscht Nettigkeiten aus – Party-Small-Talk eben. Doch dann taucht plötzlich ein Mönch auf. Der Mann, der in den Diensten von Papst Johannes Paul II. steht, ist Guido sofort sympathisch. Während des Gesprächs fällt der Blick des Mönchs irgendwann auf Guidos Amulett. Als der Designer ihm daraufhin die rührende Geschichte von der Wimper seiner Oma erzählt, fragt ihn der Mönch: »Ach, wissen Sie was, möchten Sie auch eine vom Papst?«[16] – »Was? Vom Papst?«, fragt Guido erschrocken und muss darauf achten, dass sich seine Stimme nicht vor lauter Aufregung überschlägt. Der spinnt doch, denkt sich der Designer. Als die beiden schließlich Adressen austauschen und Guido drei Wochen später ein Päckchen zugeschickt bekommt, ist jeglicher Unglaube aus seinem Gesicht verschwunden. In dem Päckchen befindet sich eine kleine Tüte mit einer blonden Wimper des Papstes, des Pontifex maximus, des obersten Priesters von Rom.

Das Schönste an der Sache ist: Guidos Oma war eine glühende Verehrerin von Johannes Paul II., oder wie es der Designer formuliert: »Die war ja so scharf auf den Papst.« Zu gerne würde er das Gesicht seiner Oma sehen, wenn sie wüsste, dass jetzt neben ihrer Wimper auch diese Wimper einen Ehrenplatz in seinem Talisman hat. Inzwischen ist Guidos Glücksbringer in Gold gefasst und mit einigen Brillanten verziert. Schließlich ist die Glücksgöttin Fortuna auch nur eine Frau. Und »Diamonds are a girl's best friend«.

Guido muss jedoch auch die schmerzliche Erfahrung machen, dass nicht jeder Glücksbringer tatsächlich Glück bringt. Eines Tages erhält er einen langen Brief von einem 16-jährigen Mädchen namens Luise, das an einer unheilbaren Form von Knochenkrebs erkrankt ist. Luise erzählt, dass sie kämpfen wird und ihr Abitur machen will. Sie klingt so positiv und zuversichtlich. Und sie wünscht sich ein Kleid für die Abiturfeier. Ein Kleid, mit dem sie lachend in die Zukunft tanzen kann. Ein ganz besonderes Kleid, das Guido ihr entwerfen soll. »Abgemacht, Luise!«, schreibt er ihr zurück. Es bleibt nicht bei diesem einen Brief. Die beiden schreiben sich viele E-Mails, werden Freunde. Der Designer erfährt von ihr, dass sie sich beim Sport den Knöchel verstaucht und erst aufgrund dieser Verletzung von ihrer schrecklichen Krankheit erfahren hat. Guido staunt, was für einen Lebensmut diese junge Schülerin trotz allem in sich trägt. Sie weiß, dass sie sterben wird, und sitzt dennoch täglich im Krankenhausbett über ihren Büchern, um Mathe, Englisch und Deutsch zu büffeln. »Ich habe damit angefangen, also bringe ich es auch zu Ende«[17], betont sie in einem ihrer Briefe.

Guido fällt es schwer, über Luise zu sprechen. Er hat ihr sein Buch »Eine Bluse macht noch keinen Sommer« gewidmet. Auf der ersten Seite steht: »Für Luise ...«. Ein Kapitel trägt die Überschrift »Lebenskleidchen«. Darin erzählt er, wie er für Luise ein hellblaues

Kleid aus zarter Spitze schneidert und es ihr ins Krankenhaus schickt. Was nicht in seinem Buch steht, ist, dass Guido eines seiner Haare in den Saum näht. Als Glücksbringer. Sein Haar soll wie die Wimper seiner Großmutter Unglück fernhalten.

Kurz danach stirbt Luise.

Fragt man Guido heute nach seinem eigenen Leben, so betont er, dass er immer auf der Sonnenseite gestanden hat und noch immer steht. Dass er die Wärme nicht nur auf der Haut, sondern vielmehr in seinem Herzen fühlt. Er weiß das Leben, wohl auch durch Luise, so sehr zu schätzen, ist dankbar für jeden Moment. Guido selbst ist – vielleicht auch dank seines Talismans – nie Schlimmes widerfahren, er wurde nie gänzlich enttäuscht oder verletzt: »Und ich habe das Glück, etwas tun zu können, was mir wirklich gefällt. [...] Da wäre ich ja verrückt, wenn ich sagen würde, ich wäre schlecht dran.«[18]

Athlet im falschen Körper

Streng genommen hat Guido keine Laster. Er trinkt keinen Alkohol, weil er sonst »so schnell besoffen ist«. Da ist er wie seine Oma: Kaum nippt er zwei Schlückchen an einem Glas Wein, schießt ihm der Alkohol auf geradem Weg in den Kopf. Dann bekommt er sofort rote Wangen, eine schwere Zunge und grinst – »völlig breit« – in der Gegend herum. Er raucht auch nicht, trinkt keinen Kaffee. Selbst Fleisch kommt bei ihm so gut wie gar nicht auf den Teller. Dafür alles andere. Und davon auch gerne viel.

Guido verbindet Kochen mit Sinnlichkeit. Kochen heißt für ihn, zu Hause zu sein, sich etwas Gutes zu tun – Seelenfutter eben. Schon als Kind steht er gerne vor dem Backofen, immer dann, wenn die Klappe aufgeht und die Wärme von unten aufsteigt. Das fühlt sich für ihn an wie eine wohlige Umarmung. Seit er als kleiner Junge das erste Mal in der Küche etwas zu essen bekommt, liebt er diesen Raum. Er hält sich gerne in der Küche auf. Und weil's ihm so gut schmeckt, muss er immer ein bisschen aufpassen, damit die Hose nicht allzu sehr kneift. »Manche sind gemacht für die Zucht, manche für die Mast, ich bin eher für die Mast gemacht«[19], erklärt es der Designer augenzwinkernd und bekennt: »Ich kaue gerne, ich kaue wirklich gerne.«

Dass er so gut kochen kann, hat er seiner Mutter Marianne zu verdanken. Sie zeigt ihm schon als Kind, was eine klassische Hausmannsküche so alles braucht. Wie eine Mehlschwitze nicht klumpt und ein Braten saftig bleibt. Deshalb ist Guido ein Ass am Herd. Er zaubert Soßen, setzt Fonds an, pochiert, blanchiert und backt. Mal kocht er mit Vorliebe ganz komplizierte Sachen, dann überrascht er seinen Frank mit schlichter Küche. Sein Lieblingsessen ist Kohlrabi in allen Variationen, mal deftig, mal süß und gebacken. Oder Kartoffeln. Als Gratin, gebraten, als Püree und Reibekuchen. Oder manchmal auch einfach das, »was gerade da ist«, denn er freut sich in der Tat über jedes Gericht, das einfach nur lecker ist. Bei Guido ist zudem alles bio. Er achtet darauf, Lebensmittel aus nachhaltigem Anbau zu verwenden, und bezieht sie am liebsten frisch vom Biobauern. Und er hat es gern vegetarisch. Eigentlich gibt es nur drei Dinge, die er gar nicht mag: Lakritze, Schwarzwurzeln und Rosenkohl. Da sträuben sich die Geschmacksknospen des Genießers.

Apropos Geschmack: Für den Designer gehören Haute Cuisine und Haute Couture eng zusammen. Er ist überzeugt davon, dass sich diese beiden Formen guten Stils nicht voneinander trennen lassen. Geschmack ist auch eine Sache der Optik. Deshalb muss nach Guidos Ansicht eine Küche nicht nur funktional und ruhig sein – man sollte ihr nicht ansehen, dass darin gerade gekocht wurde – , sie muss auch gut aussehen. Der Designer vergleicht eine Küche mit einer Handtasche: Sie sollte aufgeräumt sein und genügend Stauraum bieten.

Seine eigene Traumküche hat er sich bereits gebaut. Ein großer, mit Parkett ausgelegter Raum, in dessen Mitte ein Küchenblock steht. Guido hat eine Koch- und eine Backseite, die jeweils eigene Backöfen haben. Auch das Equipment muss stimmen. So viel Wert wie der Designer beim Arbeiten auf gute Stoffe und gute Nähmaschinen legt, so wichtig ist ihm neben den hochwertigen Zutaten auch die Küchenausstattung. Allem voran sein Risottotopf! Dazu die KitchenAid-Küchenmaschine, sein Silikonschaber. »Und meine Kartoffelpresse würde ich sogar auf der Flucht mitnehmen«[20], scherzt er. Dass er dazu eine wunderbare Putzfee hat, die ihm hilft, die große Küche in Schuss zu halten, macht das Kochen noch ein bisschen perfekter.

Der Küchenwintergarten ist sein Lieblingsplatz. Dort liest er Zeitung, kommt zur Ruhe oder sitzt mit seinen Freunden bei einem

Teller Risotto zusammen. Wie Guido erzählt, ist die Küche auch ein Erholungsort für seine Katzen. Obwohl sie im ganzen Haus Platz haben, liegen sie erstaunlicherweise immer in der Küche. Vermutlich ist einfach dort »zu Hause«, wo es Essen gibt, sinniert der Designer und ergänzt: »Ich bin leider auch in der Küche zu Hause, was man ja auch ein bisschen sieht ...«[21]

Guido und sein Gewicht – das ist ein Kapitel für sich. Eigentlich fühlt er sich ganz wohl in seiner Haut, ist vor allem ein großer Fan seiner Ohren. Wunderschön findet er sie, auch deshalb, weil man damit so praktisch Bleistifte halten kann. Der Rest seines Körpers bezeichnet er dagegen nur ungerne als »Traumbody«. Ganz im Gegenteil: »Ich bin mir sicher, dass unter meinem Körper ein Athlet verborgen ist«[22], witzelt er über sein Moppel-Ich. Sobald Guido vor der Kamera steht, macht er sich über sein Gewicht lustig. Er kann eben nicht nur munter austeilen – »Shopping Queen« lässt grüßen –, sondern genauso gut einstecken. Dass er das Talent hat, sich selbst nicht so wahnsinnig ernst zu nehmen, beweist er zuletzt wieder bei den Dreharbeiten zu »Deutschlands schönste Frau«. Er ist unterwegs zu der Villa, in der die Kandidatinnen wohnen, und muss dabei eine nicht enden wollende Treppe erklimmen. Da marschiert er also, der Guido, schnaufend und japsend, schleppt sich Stufe für Stufe weiter hinauf und fühlt sich dabei wie Rocky. Nur dass er eben nicht wie im Film durch Philadelphia joggt, um Boxweltmeister zu werden, sondern im Namen der Schönheit ein hügeliges Anwesen auf Mallorca erklimmt. Die Erklärung für diese »Schikane« hat Guido sofort parat: »Warum die das machen von RTL? Die sagen, der Kretschmer, der muss mehr Sport machen. Was macht der auch so dick im Primetime?«[23]

Rund acht Kilo würde er gerne abnehmen, dann hätte er sein Wohlfühlgewicht erreicht. Nicht zu dick und nicht zu dünn. Doch im

Moment fehlt ihm einfach die Kraft dazu. Er weiß, dass viele um ihn herum über genau diese eiserne Disziplin verfügen, die sie Diäten knallhart durchhalten lässt. Und zwei Versuche hat er selbst ja immerhin schon hinter sich.

Es ist ein Weilchen her, dass er und eine befreundete Schauspielerin beschlossen haben, sie müssten etwas für ihre Figuren tun, und dafür professionelle Hilfe in Anspruch nehmen. Die beiden entscheiden sich also für eine Diät bei einem Homöopathen. Diese »Kur« gilt als äußerst erfolgreich, auch deshalb, weil man außer geschmacklosem Grünzeug und Wasser nichts zu sich nehmen darf. Außerdem wird den Diätwilligen jeden Tag in der Praxis eine teure Spritze verabreicht – angeblich das Wichtigste bei diesem Abnehmprogramm, erzählt Guido. Wie viel Gewicht er in dieser Zeit verloren hat, weiß er nicht mehr. An die hungernden, schlecht gelaunten Menschen im Wartezimmer des Homöopathen erinnert er sich aber noch ganz genau.

Doch es bleibt nicht bei diesem einen Versuch. Plan B für die perfekte Badesaisonfigur heißt Sport. Dieses Mal startet Guido mit einer anderen Freundin voller Motivation in eine Art Abnehmurlaub, um sich in entspannter Atmosphäre, zwischen Sonne und Strand, ausgiebig der Fitness widmen zu können. Im Prinzip eine gute Idee. Allerdings artet die XXL-Ertüchtigung schnell in Stress aus. »Meine Urlaubsbegleitung war diszipliniert und versuchte ihr Programm durchzuziehen«, zeigt sich Guido noch immer beeindruckt. Er dagegen verbringt die Zeit am Pool – mit einem Stückchen Erdbeerkuchen und jeder Menge schlechtem Gewissen.

Ohne Naschen geht es bei Guido eben nicht. Er kann nicht hungern, er kriegt das einfach nicht hin. Er braucht Energie, um kreativ sein zu können, sagt er. Zudem hat nach einem harten Arbeitstag gutes

Essen für ihn etwas mit Belohnung zu tun. Und schuften, das kann er wie kein Zweiter. Jeden Tag von morgens bis abends. Selbst und ständig. Als Westfale wisse er gar nicht, wie er es anders handhaben sollte. Guido habe schon immer viel gearbeitet. Wie so eine alte »Buschnutte«!

Buschnutte? Buschnutte!

Guido meint das gar nicht respektlos. Er weiß, wovon er spricht, denn er hat wirklich einmal eine echte Buschnutte bei der Arbeit gesehen. Er ist noch ganz jung, als er in die Dominikanische Republik fliegt. Damals ist diese Art der All-inklusiv-Club-Urlaube noch nicht so angesagt. Deutscher Tourismus ist eher die Ausnahme. In der »República Dominicana« angekommen, erkundet Guido erst einmal die Gegend. Irgendwo an einer Landstraße mitten im Dschungel entdeckt er eine Buschbude, in der eine wunderschöne, ganz in Weiß gekleidete Frau ihre Kunden empfängt. Einen nach dem anderen. »Das ist bei mir auch so. Mode ist ein bisschen wie Prostitution«[24], vergleicht es Guido. Auch er habe schließlich auf der Straße angefangen, an seinem Hippiestand auf Ibiza.

Inzwischen ist er weg von der Straße. Doch die Arbeit im Atelier ist nicht minder anstrengend. Und wenn er den ganzen Tag geackert hat und abends völlig »abgeschlappt« nach Hause kommt, dann denkt er nur noch: »Guido, iss was!« Dann kann er sich nicht mehr um 22 Uhr in irgendeinem Fitnessstudio auf ein Laufband stellen und neben figurbewussten Investmentbankern und übereifrigen Studenten einen Wettlauf starten. »Size Zero«, sagt er, »ist sowieso ein schwachsinniges Diktat.« Mehr noch: Hungern hat im Extremfall gesundheitliche Konsequenzen und nach Einschätzung des Designers wird man dadurch zusätzlich missmutig, härter und aggressiver. Es gebe ja Menschen, so konstatiert er, die ganz plötzlich damit aufhören, Kohlenhydrate zu essen. Das könne nun wahrlich nicht gut sein. »Der Mensch braucht doch Zucker für sein Glück!«, findet Guido.

Zucker UND Liebe. Und keine Zeit des Jahres ist enger mit diesen beiden Begriffen verknüpft als Weihnachten.

Ein Weihnachtsbaum namens Herbert

Weihnachten. Wenn das Haus stimmungsvoll geschmückt ist, alles in wundervollem Lichterglanz erstrahlt und es in der Küche himmlisch nach Gewürzen wie Zimt und Sternanis duftet, dann, ja dann geht Guido am Ende eines jeden Jahres noch einmal ganz besonders das Herz auf. Denn es ist das Fest der Liebe! Und Liebe hat der Designer ja bekanntermaßen unerschöpflich viel in sich. »Ich bin so ein Weihnachtsfan!«, bekundet er. Das sind für ihn die schönsten Tage im Jahr. Dass sich andere schon im Oktober mit Lebkuchen, Glühwein und Gebäck eindecken, kann er allerdings nicht verstehen. Weihnachten, so sagt er, beginnt für ihn erst am ersten Advent. Das liegt vielleicht daran, dass er bereits so lange im Ausland lebt. Da nimmt man Traditionen mit. Mit Ostern hat Guido nichts am Hut, doch die besinnliche Zeit rund um Heiligabend erinnert ihn wie nichts anderes an seine wunderbare, behütete Kindheit – an das Gefühl von Glück und Geborgenheit, das er empfindet, als er als kleiner Junge mit leuchtenden Augen vor dem glitzernden Christbaum steht.

Der Weihnachtsbaum ist für Guido bis heute von zentraler Bedeutung. Er muss mindestens drei Meter hoch sein und perfekt gewachsen. Der Baum wird rundherum mit altem, sehr edlem Schmuck behängt. Das Bezauberndste an diesem Ritual ist aber eine ganz persönliche Geschichte.

Als Guido und Frank noch ausschließlich in Spanien leben, hängen die Kugeln in der Tat nicht an irgendeinem Weihnachtsbaum. Sie hängen an Herbert. Herbert ist kein Onkel oder Freund der Familie, wie man aufgrund des Namens vermuten könnte, er ist ein Christbaum mit Historie. Herbert ist ein von Guido adoptiertes »Scheidungskind«. Als der Designer von einem netten schwulen Pärchen eine Wohnung kauft und die Möbelpacker alles aus der Wohnung geräumt haben, bleibt Herbert einsam in der Ecke zurück. Der in den USA gefertigte Baum trägt tatsächlich den Namen »Herbert«. Da Guido nichts und niemanden im Stich lassen kann, nimmt er also auch diesen grünen Mitbewohner bei sich auf, der jahrelang das Highlight an Heiligabend ist. Seit Guido und Frank in Berlin wohnen, ist die Kunstpflanze allerdings ausrangiert. Jetzt werden Echttannen üppig behängt mit allem, was ihnen lieb und teuer ist. Der Name jedoch ist geblieben – jedes Jahr aufs Neue wird ihr Weihnachtsbaum »Herbert« getauft.

Sowieso wird Weihnachten bei den Kretschmers traditionell gefeiert. Wegfahren? Kommt nicht infrage. Nein, Guido verbringt die Feiertage immer bei sich zu Hause, immer im Kreise seiner Liebsten. Vom 23. Dezember bis zu Silvester steht alles unter dem Zeichen des Beisammenseins. Am zweiten Weihnachtsfeiertag veranstaltet er ein Fest für 40 bis 50 Gäste. »Ach, ich liebe das mit Familie und Freunden, mache das sehr intensiv mit Kamin an und so«[25], verrät er.

Der Ablauf ist dabei stets gleich: Es wird Hummer mit Orangenschaum serviert, am ersten Weihnachtstag steht Risotto mit Fisch auf dem Speiseplan. Das ist gewissermaßen das Einzige, was Guido an Eiweiß zu sich nimmt. »Danach gibt's vegetarische Küche bis zum Erbrechen«, witzelt er. Außerdem backt er jede Menge. Kuchen, Torten und ein Dessert nach dem Rezept seiner Großmutter. Dazu unzählige Plätzchen. Seine Mutter hat sich extra dafür ein ausgeklügeltes Plätzchenaufbewahrungssystem ausgedacht. Guido liebt vor allem einfache Plätzchen, wie das Butter-S-Spritzgebäck. Wenn er es isst, muss er immer an seine geliebte Großmutter denken, die manchmal beim Verzehr genörgelt hat: »Das schmeckt mir nicht, das Plätzchen hat keinen Butterbiss!«

Nach dem Essen – auch das ist Tradition – scheucht Guido seine Liebsten von der Festtafel direkt zum Flügel. Singen gehört im Hause Kretschmer zum absoluten Pflichtprogramm. Schließlich singt der Designer leidenschaftlich gerne. Man kann sich also gut vorstellen, wie die ganze Familie rund um den Flügel zusammenrückt, sich an der Gegenwart der anderen erfreut und gemeinsam ein sanftes »Leise rieselt der Schnee« anstimmt. Anschließend macht man es sich zusammen auf der großen Couch bequem. Zu Weihnachten bringt jeder in der Familie seinen Lieblingsfilm des Jahres mit und diese werden nacheinander angesehen. Jeden Tag ein Film.

Die innigsten Momente entstehen jedoch, wenn alle gemeinsam am Tisch sitzen, sich lachend zuprosten und die eine oder andere Anekdote vergangener Feste zum Besten geben. Zu diesen herrlichen Geschichten gehört die Episode, als im Wohnzimmer des Kretschmer'schen Elternhauses ein Shetlandpony den flauschigen Teppich inspiziert. Das Pferd steht nicht auf dem Flur, wie es in dem Lied bekanntlich heißt, sondern zwischen Sofa, Zimmerpflanzen und Fernseher mitten in der guten Stube. Es ist ein Geschenk von Mama Marianne und Papa Erich. Die beiden haben das Tier als riesengroße Weihnachtsüberraschung gekauft, draußen im Garten am Apfelbaum angebunden und versprochen, dass alle, wenn es denn mal wärmer wird, auf dem Pony reiten dürfen. So weit, so gut. Das Problem ist nur, dass weder Guido so lange warten will noch das Pferd, das inzwischen fast den halben Baum samt Wurzeln aus dem Boden gerissen hat. »Mama, hol doch bitte das Pony rein«, bettelt der kleine Guido unermüdlich. Wer die bewundernswerte Gutmütigkeit des Designers kennt, kann nachvollziehen, dass seine Eltern ihm kaum einen Wunsch abschlagen können. Also wird das Tier ins Haus geführt, und es verbringt den Rest der Feiertage mit der Familie unter einem Dach. Zwar legen die Kinder den Boden des Wohnzimmers kiloweise mit Stroh aus, trotzdem ruiniert die eine oder andere Notdurft des stolzen Minirosses den schönen Teppich. Immerhin sollen Pferdeäpfel Glück bringen – das zumindest werden sich Guidos Eltern wohl wieder und wieder eingeredet haben.

»Ach, wir haben schon alles erlebt«, erinnert sich Guido mit diesem Glanz in seinen Augen. Lächelnd berichtet er auch davon, wie sein Bruder einmal mit dem Gokart ins festlich dekorierte Wohnzimmer braust, gegen den hell erleuchteten Weihnachtsbaum fährt und diesen mit lautem Krach zum Umkippen bringt.

Geschenke zu bekommen ist Guido nicht wichtig – zumindest seit jenem Weihnachten vor ein paar Jahren, an dem sich ein Paket nicht als die ersehnte Gartenskulptur, sondern als lärmendes Monster entpuppte. In einer Ausstellung hat der Designer eine Sandsteinfigur gesehen und sich sofort in das Kunstwerk verliebt. Er setzt die Figur auf seine Wunschliste. Doch was bringt ihm das Christkind stattdessen? Einen Hochdruckreiniger! »Ich dachte mir, oh nein, das ist das Letzte. Das kommt kurz nach Fritteuse!«[26], zeigt sich Guido noch heute enttäuscht. Benutzt hat er »dieses Ding« jedenfalls noch nie. Immer wenn er es sieht, denkt er: Ich will das nicht haben!

Das perfekte Geschenk – es muss für Guido von Herzen kommen: »Es gibt nichts Schöneres als ein Präsent, das eine Botschaft transportiert.«[27] Den Designer berührt es besonders, wenn er beim Auspacken das Gefühl hat, dass sich der Partner wirklich Gedanken (um ihn) gemacht hat. Wenn das ganze Geschenk förmlich schreit: »Der liebt mich wirklich!« Dazu gehört seiner Ansicht nach auch eine handgeschriebene Karte. Ein romantisch formulierter Text, so empfindet er es, ist tausendmal mehr wert als irgendein beim Juwelier um die Ecke gekaufter teurer Ring. Ein absoluter Geschenkealbtraum sind für ihn dagegen Gutscheine für gemeinsame Abendessen oder sonstige geplante Aktivitäten, die man hortet und doch niemals einlöst. Dann doch lieber die Fritteuse.

Guido gehört ohnehin zu denen, die lieber ein- als auspacken. Besonders große Mühe gibt er sich natürlich bei seinem Frank. Meist schenkt er ihm etwas, das mit Kunst zu tun hat. Mal ein Gemälde, mal eine schöne Skulptur – »eben was mich gerade so anspringt«. Was Guido gefällt, gefällt praktischerweise auch seinem Mann. Das vereinfacht die Geschenkesuche natürlich entscheidend. »Aber ich habe ihm auch schon mal Socken gestrickt«, verrät der Designer. Einer ganz lieben Freundin hat er vor zwei Jahren mal einen Schlüssel zu all seinen Häusern und Wohnungen geschenkt. In einem Kästchen. Es kam von Herzen und bedeutete: »Du bist bei mir jederzeit willkommen.«

Der Rest der Familie kommt natürlich ebenfalls nicht zu kurz. Als Erstes werden die Hunde beschenkt. Das ist Guido wichtig. Seine Vierbeiner gehören schließlich mit dazu. Schlimm genug, dass sie nicht mehr mit in die Dusche dürfen (dazu später mehr), da sollen sie wenigstens an Weihnachten nicht außen vor sein. Anschließend ruft der Designer zum »Boxing Day« auf. Dieser britische Brauch stammt aus der Zeit, als die Herren ihren Bediensteten zu Weihnachten eine kleine Schachtel überreichten, die so genannte Christmas Box. Selbst im antiken Rom war es Brauch, dass zu den im Dezember stattfindenden »Saturnalien«, also dem Festtag zu Ehren des Gottes Saturn, die Sklaven von ihren Herren beschenkt wurden. Im Hause Kretschmer übernimmt Guido die Rolle des Geschenkeverteilers. Jedes Familienmitglied bekommt von ihm eine Schachtel überreicht. In der Box seiner Schwester steckt oft eine Wellnessreise – und wehe, wenn nicht. »Dann ist die schlecht drauf«, grinst er. Wellness geht daher immer, weiß Guido. Da kann man(n) an Weihnachten nicht viel falsch machen.

Den Jahreswechsel verbringt er gemeinsam mit Frank und den Hunden am liebsten auf Mallorca. Dann lässt er den Trubel von Weihnachten zurück im kalten Deutschland und nistet sich mit seiner kleinen Familie in seiner Villa im Süden der Insel ein. In der Ferienfinca ist es gemütlicher – und vor allem ruhiger. Nur einmal bleibt er über Silvester in Deutschland. Das verrückte Geballere versetzt nicht nur seine sensiblen Barsoi-Hündinnen in panische Angst, auch Guido selbst hat den Eindruck, es wäre ein Krieg ausgebrochen. Nein, das braucht er wahrlich nicht. Darum packt er kurzerhand Kind und Kegel oder, besser gesagt, Mann und Hunde, mit ein und flieht mit ihnen ins Warme.

Doch bis Mallorca ist es ein langer Weg. Wenn Guido und Frank mit den Hunden verreisen, dann nur mit dem Auto. Der Platz ist allerdings sehr begrenzt: Die Hundedamen sind nämlich so groß – »wir fahren praktisch mit Ponys in den Urlaub«, sagt Guido. Und einer Menge Hundefutter. Seine Mädels fressen ja nur eine bestimmte Futtermarke. Weil aber auch er kulinarisch nicht zu kurz kommen soll, startet Frank vor der Abreise einen letzten Großeinkauf. Während dieser also den halben Koffer mit Essen füllt, bekennt Guido: »Ich bin ein Taschen-in-Taschen-Packer.« Der Designer verstaut seine Habseligkeiten gerne in Tüten, Stoffbeuteln, Kleidersäcken oder Täschchen. Je mehr, desto besser. Wenn er all diese »Extraverpackungen« zu Hause lassen würde, wäre sein Koffer deutlich leichter. Aber er ist nun mal ein Gewohnheitstier. Das Einzige, auf was er verzichtet, ist sein iPad. Im Urlaub ist Ruhe angesagt. Das kann man nach all dem Weihnachtstrubel auch verstehen.

»Wenn das Jahr sich verabschiedet, bin ich gern am Meer – ich mag das!«[28], erzählt Guido. Für ihn ist es längst zum persönlichen Ritual geworden, an Silvester seine sehnlichsten Wünsche auf Zettel zu schreiben, die Briefchen hinaus ins weite Meer zu werfen und auf deren Erfüllung zu hoffen. Es erinnert ein bisschen an den Brauch, mit dem die Brasilianer den Jahreswechsel begehen. An der Atlantikküste Südamerikas kleiden sich die Menschen in Weiß. Die Farbe des Friedens und der Reinheit soll ein gutes neues Jahr verheißen. Kleine Papierschiffchen werden als Opfergaben für die Meeresgöttin mit Süßigkeiten, Zigaretten, Alkohol oder Kerzen bestückt. Wer dann noch über sieben Wellen springt, bekommt sieben Wünsche erfüllt. Welche Wünsche Guido genau auf seinen Zetteln hat, will er nicht verraten. Auch nicht, ob er des Nachts im Mittelmeer badet und über Wellen hüpft. Aber wer ihn kennt und weiß, was ihm wirklich wichtig ist, kann sich gut vorstellen, was er sich zum Ende eines jeden Jahres wünscht: Gesundheit und Glück für seine Familie.

Seine Familie ... mehr Zeit für sie zu haben ist übrigens sein Vorsatz für jedes neue Jahr. Daraus macht Guido kein Geheimnis.

KAPITEL 2

Eine Hommage an die Familie

Danke für alles, Mama!

Mutterliebe ist die genügsamste, sie erwartet oder verlangt nicht und schenkt doch aus vollen Händen. Mutterliebe ist durch nichts zu ersetzen. »Ohne meine Mutter wäre ich nicht die Person, die ich heute bin«[1], schwärmt Guido Maria Kretschmer. Für ihn ist sie der wichtigste Mensch in seinem Leben. Seine Vertraute, seine beste Freundin, sein Halt. Wer ihn einmal mit ihr zusammen auf dem roten Teppich erlebt hat und gesehen hat, wie stolz und zärtlich er sie im Arm hält, der spürt, wie innig diese beiden Herzen füreinander schlagen. Es vergeht kaum ein Tag, an dem die beiden nicht miteinander telefonieren. Und auch optisch ist Guido ganz ein »Mamakind«. Er hat ihre Ohren, ihr Kinn, ihre Augen und dazu ihr herzliches Wesen. Als Guido sich zu seiner Homosexualität bekennt und seiner Mutter erzählt, dass er Männer liebt, ist er gerade einmal 15 Jahre alt. Man kann sich vorstellen, wie viel Mut, Kraft und Überwindung ihn dieses Geständnis kostet und wie groß seine Angst gewesen ist, davor, wie seine Mama reagieren wird. Wird sie verletzt sein? Wütend? Enttäuscht? Wird sie ihn ablehnen oder gar verachten? Doch Marianne reagiert so, wie es sich jeder Sohn nur wünschen würde: mit ganz viel Verständnis! »Ach, das habe ich doch schon gewusst«, sagt seine Mama zu ihm und gibt ihm damit dieses unendlich wertvolle Gefühl der Sicherheit und das Wissen, immer geliebt zu werden. Guido beschreibt die fröhliche Frau mit dem frechen, braunen Fransenschnitt und der rahmenlosen, eckigen Brille als den tolerantesten Menschen, der ihm je begegnet ist. Sie äußert nie Enttäuschung darüber, von ihm vielleicht keine Enkelkinder zu bekommen, und hat von Anfang an keine Probleme damit, dass er als Kind die Milch am liebsten aus einem Champagnerglas trinkt. »Bei ihr durfte ich einfach schwul sein«, sagt Guido und lächelt.

Das Lächeln hat er vom Vater, genau wie die gerade geschnittene Nase und die hohe Denkerstirn. Wer seinen Papa Erich genauer betrachtet, mit seinem weißen Haar, der eleganten Brille, der kräftigen Statur und dem wachen Blick, der kann erahnen, wie Guido wohl in 20 Jahren aussehen wird. Und genau wie seine Marianne ist auch Erich Kretschmer von jeher der allergrößte Fan von Guido und seiner Arbeit. Einmal, so erzählt Guido, sagt sein Vater zu ihm, als die beiden zusammen spazieren gehen: »Weißt du, mein Schatz, dass du mich noch nie enttäuscht hast?«[2] Guido widerspricht verblüfft, dass das doch gar nicht sein könne. Doch sein Papa weiß es besser. Es gebe keinen Tag, so versichert er ihm, an dem Guido etwas getan habe, das dieses Band zwischen Vater und Sohn hätte zerstören können. Noch heute spricht Guido davon, wie gerührt er von den Worten seines Vaters war.

Die einzige Forderung, die seine Mutter und sein Vater an ihn stellen, ist, dass er ein anständiger und frommer Mensch bleibt und seine Bodenständigkeit nicht verliert. Mehr verlangen sie nie. Guido betont, dass er der fürsorglichen Erziehung seiner Eltern alles zu verdanken habe. »Meine Mama hat mich zu dem gemacht, was ich heute bin, weil sie von mir nichts erwartet hat, außer dass ich glücklich bin«[3], sagt Guido. Gerade für einen schwulen Jungen ist solch eine Mama ein Geschenk. Schließlich beschließt man weder einfach eines Morgens nach dem Aufwachen, homosexuell zu sein, noch gibt es dafür eine professionelle Anleitung. »Schwulsein ist ja kein Ausbildungsberuf«, so formuliert es Guido selbst. Für Marianne Kretschmer ist die Homosexualität ihres Sohnes nie ein Problem. Sie steht zeitlebens für ihn ein und vermittelt ihm – genau wie sein Vater – nie den Eindruck, es stimme etwas nicht mit ihm, nur weil er eben auf Männer steht. Sie hofft nur, dass er eines Tages eine eigene Familie hat, die er mit all seiner Güte umsorgen kann und die vor allem auch ihn umsorgt – und diese Familie findet Guido in Frank.

Der Designer bezeichnet seine Mutter und seinen Vater nicht nur als immer noch sehr verliebt ineinander und wahnsinnig glücklich, sondern wohl zu Recht auch als zwei absolute Freigeister, die ganz ohne Altlasten und voller Gefühl durch Leben gehen.

Wie vorurteilsfrei Marianne und Erich Kretschmer tatsächlich sind, verdeutlicht eine Geschichte, die Guido gerne über die beiden erzählt. Einmal laden seine Eltern eine Prostituierte zu sich ein und kümmern sich rührend um sie. Die Dame soll im Bordell des Nachbardorfes arbeiten, strandet aber auf dem Weg dorthin an der Bushaltestelle vor dem Wohnhaus der Kretschmers. Sie muss ziemlich einsam und verzweifelt ausgesehen haben, was man in dieser Situation nur allzu gut nachvollziehen kann. Guidos Mutter bringt es nicht übers Herz, diese Frau so einfach ihrem Schicksal zu überlassen. Also lädt Marianne die junge Dame kurzerhand zu Kaffee und Kuchen ein, schenkt ihr für ein paar Momente ein wenig häusliche Wärme und packt sogar noch schnell ihre sämtlichen Klamotten in die Waschmaschine. Danach fahren Guidos Eltern die Frau noch höchstpersönlich zum Puff, wünschen ihr alles Gute für die Zukunft und geben ihr noch ein paar Ratschläge mit auf den Weg: »Machen Sie nicht alles«, empfiehlt Guidos Mutter. Marianne und Erich Kretschmer ist es gleichgültig, welchem Beruf die Dame nachgeht. Ihnen geht es einzig und allein darum, einem Menschen, der Hilfe braucht, zu helfen.

Auch ihrem Sohn stehen sie bedingungslos zur Seite. Mama Marianne bereitet ihren Guido bereits in der Kindheit früh auf das Leben vor und bringt ihm jede Menge praktische Dinge bei. Sie zeigt ihm, wie man Kartoffeln erntet und einen Brandteig macht, wie man die Nähmaschine bedient und wie man mit Strick- und Häkelnadeln umgeht. Sie besucht mit ihm Salzgrotten und geht mit ihm zum Reiten und zum Schwimmen. Und sie hat ihn zum Yoga geführt,

»was mir so hilft«, sagt Guido. Auf die gemeinsamen Sportstunden mussten Mutter und Sohn in jüngster Zeit allerdings verzichten. Schließlich war Guidos Mama bis 2014 wegen Knieproblemen in der Reha-Klinik in Bad Rothenfelde.

Seinen herrlich unbekümmerten, niemals respektlosen Humor hat Guido ebenfalls von seiner Mutter. Die beiden können wahnsinnig gut zusammen lachen. »Guido, du bist einfach die geborene beste Freundin«, sagt seine Mutter einmal zu ihm. Sie beschreibt ihren Sohn als »die beste Freundin im Fernsehen«, die ausspricht, was alle anderen nur denken, nämlich dass das Outfit nicht richtig sitzt. Und deshalb erreicht er mit seinen Sendungen auch so viele Menschen. Das ist zumindest die Theorie seiner Mutter. Und diese Theorie klingt durchaus plausibel.

Guido ist ein Mensch, der lieber gibt als nimmt. Und so ist es nicht verwunderlich, dass er auch seine geliebten Eltern quasi auf Händen trägt. Dazu gehört, dass er sie zu Preisverleihungen wie dem Deutschen Fernsehpreis im Kölner Coloneum mitnimmt oder sie mit kleinen oder großen Geschenken überhäuft. »Ich lasse meine Eltern gern reisen und schenke ihnen Überraschungsurlaube«[4], verrät der Stardesigner. Wenn er ihnen freitags verrät, dass er eine Reise für sie gebucht hat, wissen sie manchmal montags noch nicht, wo es denn hingehen wird. Vor allem nach all den Schicksalsschlägen ist es Guido ein Bedürfnis, seinen Eltern etwas Gutes zu tun, damit sie sich von den Strapazen erholen können.

Die Kretschmers haben schwere Zeiten hinter sich. Erst wird Guidos Vater am Herzen operiert, dann erhält seine Mutter die Diagnose Brustkrebs. »Und auf einmal hat sich alles gedreht«, beschreibt Guido die wohl schwersten Stunden dieser sonst so fröhlichen Familie.

Bei Guidos Vater sieht zunächst alles nach einem Routineeingriff aus. Er bekommt eine neue Herzklappe eingesetzt, doch dazu müssen die Ärzte im Verlauf der Operation das Herz zum Stillstand bringen. Und plötzlich fällt Erich Kretschmer ins Koma. Wer selbst schon einmal erlebt hat, wie ein Mensch, den man über alles liebt, ins Koma fällt, wie er scheinbar leblos im Krankenbett liegt, angeschlossen an schier unzählige Schläuche und Apparate, die flimmern und blinken, der weiß, wie Guido und seine Familie sich in diesem Moment gefühlt haben müssen. Jede Nacht sitzt Guido am Bett seines Vaters, eine gefühlte Ewigkeit, wie Guido beschreibt. Immer wieder redet er ihm gut zu, sagt: »Papa, bitte, du darfst nicht sterben. Du musst hier bleiben. Ich habe dich noch nicht über.«[5] Darum hat sein geliebter Vater schließlich hierzubleiben, bei ihm, bei seiner Familie. Guido verspricht ihm alles, Fahrräder, eine Kreuzfahrt, wenn er denn nur endlich wieder aufwacht. Seine Gebete werden erhört, das Wunder geschieht: Erich Kretschmer öffnet die Augen, er erwacht aus dem Koma. Er erzählt seinem Sohn, dass er all die lieben Worte, die er am Krankenbett zu ihm sagte, tatsächlich mitbekommen hat. Mehr noch: Später, als es seinem Vater wieder besser geht, sagt er, dass Guido ihm damit das Leben gerettet hat. Und er frotzelt, dass, wenn er einmal sterben muss, sein Sohn und er die Generalprobe jetzt bereits hinter sich haben.

Auf den ersten Schock folgt der zweite. Denn während ihr Ehemann Erich im Koma liegt, geht Marianne Kretschmer zu einer Vorsorgeuntersuchung, deren Ergebnis das Leben der Familie vollends auf den Kopf stellt. Der Arzt entdeckt den Krebs in ihrem Körper. Brustkrebs! Guido spricht nur wenig über diese Zeit, zu schmerzhaft, zu grausam muss sie für ihn gewesen sein. Nur so viel sagt er: »Die Chemo ist vorbei, wir schauen nach vorn.« Und das tun sie gemeinsam als Familie. Gemeinsam mit seinen Geschwistern kümmert er sich um Vater und Mutter, überschüttet sie mit Wärme und Fürsorge. Sie sind »gecovert« mit Liebe, da kann ihnen nichts passieren, ist sich Guido sicher. Und er hat recht. Heute ist der Spuk vorbei, seinen Eltern geht es wieder besser. Guido hat ihnen schließlich versprochen, dass sie letztendlich wieder glücklich sein werden.

Sich mit dem Tod der eigenen Eltern auseinandersetzen und sich vorstellen zu müssen, wie der Alltag ohne diese beiden Menschen aussehen wird, ist für Guido sehr, sehr schwer. »Schon der Gedanke ist ein Albtraum«, gesteht er. Für ihn wäre es der Untergang, wenn seine Eltern sterben würden. Aber das Leben ist nun einmal leider endlich. Seit den schrecklichen Ereignissen verbringen die Kretschmers sehr viel Zeit miteinander und genießen die gemeinsamen Stunden bewusster denn je. Guido sagt: »Wir haben nichts verpasst.«

Das Gefühl, »vollgetankt mit Liebe« zu sein, steckt ganz tief in Guidos Seele, und das bereits seit seiner Kindheit. Denn egal, wie verrückt oder ausgefallen die Wünsche und Ideen des kleinen Jungen sind, Marianne und Erich Kretschmer erfüllen sie. Als Bub wäre Guido so wahnsinnig gerne ein Einzelkind. Diese Vorstellung findet er grandios. Schließlich müsste er dann die Aufmerksamkeit seiner Eltern nicht mit seinen vier Geschwistern teilen. Und so kommt es, dass er eine Zeit lang sonntagmorgens schon angekleidet im Bett liegt, um vor seinen Geschwistern ausgehfertig zu sein. Während seine Brüder und seine Schwester noch tief schlafen, darf Guido endlich Einzelkind spielen. Dann gibt es für kurze Zeit nur ihn und seine Eltern. Mal gehen Marianne und Erich mit ihm frühstücken, mal machen sie einen Ausflug oder fahren einfach mit ihm im Dorf spazieren. Dabei sitzt Guido hinten im Wagen und grüßt die Menschen auf der Straße. Er liebt es zu winken. So, als wäre er die Königin von England und säße in einer prächtigen Kutsche, die ihn vom Buckingham-Palast durch London chauffiert – vorbei an den jubelnden Menschenmassen an der berühmten Prachtstraße The Mall.

Tatsächlich jubelt im Dorf dem Jungen aber niemand zu und dem Vater ist das Winken seines Sohnes eher unangenehm. »Guido, nimm die Hand runter«, sagt er immer wieder zu ihm. Doch Guido hat viel zu viel Spaß daran. Bis heute erinnert er sich gerne an seine Ausflüge als »Einzelkind«. Im Grunde ist Guido aber sehr froh, kein Einzelkind zu sein. Er hat vier Geschwister und keines von ihnen möchte er missen.

Fünf Geschwister – eine große Liebe

Wenn Guido über seine drei Brüder und seine Schwester spricht, ist jede Menge Stolz in seiner Stimme zu hören, dann leuchten seine Augen. Man sieht die Liebe, die er für jeden von ihnen empfindet. Liebe und vor allem Dankbarkeit. Denn Guido hat nie vergessen, wo seine Wurzeln liegen, mit wem er aufgewachsen ist und wer für ihn da war, als er noch nicht der berühmte Designer war, der Autogramme verteilt, Interviews gibt und auf der Straße von Fremden erkannt wird. Und darum würde er sich auch niemals über eines seiner Geschwister stellen oder sich für etwas Besseres halten. Im Gegenteil: Die fünf halten zusammen wie Pech und Schwefel. Das liegt vor allem daran, dass sich die Geschwister untereinander wunderbar verstehen. »Die haben alle Humor, muss ich sagen«, beteuert Guido. Er liebt es, mit ihnen zu lachen. Und zu lachen gibt es im Hause Kretschmer wahrlich genug.

Die künstlerische Ader liegt in der Familie – auch bei Guidos Geschwistern ist sie ausgeprägt. Kreativ sind sie eben alle, da sind sie den Eltern sehr nah. Allerdings äußert sich die Kreativität in ganz unterschiedlichen Berufen. Guidos jüngster Bruder ist sehr emotional, so ein ganz Lieber. Er ist Maurer von Beruf und »mauert mit Leidenschaft die tollsten Sachen, die man sich vorstellen kann«[6], erzählt Guido. Auch wenn die beiden auf den ersten Blick völlig unterschiedlich wirken, so verbindet sie die Hingabe, die Dinge um sich herum ein bisschen schöner gestalten zu wollen – der eine mit Ziegeln und Beton, der andere mit Schere und Stoffballen.

Seinem ältesten Bruder hat Guido kurzerhand den Titel des schnellsten Postboten Nordrhein-Westfalens verliehen. Er ist der ruhigste der vier Kretschmer-Jungs, herzensgut und hilfsbereit. Einer, der mitdenkt. Wenn er einen Kunden gut kennt und weiß, dass dieser dringend auf ein Paket wartet, dann bringt er es nicht zu ihm nach Hause, sondern eben geschwind zur Arbeit. Dass sein Bruder dafür in der ganzen Gegend geschätzt und gelobt wird, muss Guido nicht extra erwähnen. Sein ältester Bruder ist jedoch nicht nur Briefträger, sondern auch Landwirt aus Leidenschaft. Guido ist fest davon überzeugt, dass er den Job des Postboten wahrscheinlich nur macht, damit er früher Feierabend hat und ganz schnell raus zu seinem Minibauernhof kommt. Guidos Bruder hat einen Stall voller Ziegen und Schafe und lebt für seine Tiere. Er ist auf dem Land zu Hause und nicht wie Guido im Rampenlicht. Er führt ein ganz anderes Leben. »Aber ich bin sehr gut mit ihm, und der war halt immer so.«[7] Und so ist es für Guido auch genau richtig.

Der vierte der Kretschmer-Jungs hat seine Liebe zu den Tieren ganz zum Beruf gemacht. Mit Bruder Alexander einen echten Profireiter in der Familie zu haben, darüber erzählt Guido besonders gerne. Auch weil sein Brüderchen so ein Hübscher ist, einer, der mit seiner charmanten Art alle um den kleinen Finger wickelt. Sein Vater Erich sagt immer, das ist ihr hauseigener Landesbeschäler, also ihr Deckhengst, weil Alexander so schöne blaue Augen hat und dazu so verführerisch leise sprechen kann und immer ganz nah an die Menschen heranrückt. Auch Guidos Schwiegermutter ist mit ihren 82 Jahren völlig vernarrt in sein Brüderchen. Einmal hat Alexander zu ihr gesagt: »›Ursel, Ursel, hätte ich dich nur 20 Jahre früher getroffen ...‹, und seitdem ist die high«[8], verrät Guido. Jedes Mal wird er von seiner Schwiegermama gefragt, wie es denn ihrem Alexander so gehe. Guido genießt das. Er bewundert seinen Bruder sichtlich für die Gabe, die Menschen um ihn herum so sehr zu begeistern.

Fehlt noch die einzige Frau der Kretschmer'schen Rasselbande, Guidos geliebte Schwester Gudrun. »Die hat halt namensmäßig ein bisschen Pech gehabt«, findet Guido. Er würde sie gerne Gudi nennen, weil es dann nicht ganz so streng klingt, aber das wollen seine Eltern nicht. Abkürzungen sind im Hause Kretschmer verpönt, man muss immer den ganzen Namen aussprechen. So viel Zeit muss eben sein. Gudrun arbeitet bei einem Urologen. »Sie kennt das Elend«, wie Guido scherzend beschreibt, und sie hat dementsprechend auch immer lustige Geschichten auf Lager. Zum Beispiel erklärt sie, dass sie am Gang eines Mannes erkennen kann, ob er zeugungsfähig ist oder nicht. Sie hat dafür einen regelrechten Kennerblick entwickelt. »Sie sieht manchmal ein Pärchen kommen und dann denkt sie: ›Na, ob da wohl alles läuft?‹«[9], berichtet Guido. Man spürt, wie viel Spaß es ihm macht, von ihr und ihren Anekdoten zu erzählen, denn er schmückt jedes noch so kleine Detail herrlich blumig aus. Er sagt, dass seine Schwester und er sich sehr, sehr ähnlich seien und ziemlich »aneinanderkleben«. Manchmal, wenn er seine Schwester anruft, um ihr nur kurz etwas mitzuteilen, gackern die beiden eine Dreiviertelstunde am Telefon. Viel Neues erfahren sie dabei nicht voneinander, dafür wird umso mehr gelacht.

Es gibt nur noch einen Menschen, mit dem Guido noch mehr lachen und auch mehr weinen kann. Und den hat er geheiratet.

Sein Frank, sein Vorbild

Was wäre der Faden ohne Nadel, die Kleider ohne Schrank, was wäre der Gürtel ohne Taille, was wäre Guido ohne Frank? Seit 30 Jahren sind der Künstler Frank Mutters und der Designer unzertrennlich. Guido beschreibt seinen Partner als »warm und gescheit«, als alles, was man im Leben braucht. »Der ist Endstufe Mensch«, sagt der Modekenner über ihn und hat dabei so viel Liebe in der Stimme, dass man spüren kann, wie viel ihm sein Frank bedeutet. Nach dem Galaabend der Verleihung der »Goldenen Kamera 2015« stellt Guido einen Schnappschuss auf seine Facebook-Seite, der diese Beziehung vielleicht besser beschreibt, als Worte es je könnten. Das Bild zeigt Guido und Frank, beide schick im schwarzen Smoking mit schwarzer Fliege, Guido mit schwarzem, sein Frank mit weißem Hemd. Sie haben die Köpfe aneinandergelehnt und formen mit ihren Händen gemeinsam ein Herz – zwei Hände, zwei Hälften, ein Ganzes. Nichts daran wirkt kitschig oder albern. Man sieht einfach zwei Menschen, die »füreinander geboren sind«, wie Guido es so schön beschreibt. Der Designer wünscht jedem das Glück, einmal im Leben so einen Menschen zu treffen, mit dem es einfach perfekt ist.

Franks erste Begegnung mit Guidos Mutter ist außergewöhnlich und von einzigartiger Optik geprägt. »Frank hat meine Mutter kennengelernt, da war sie ein Schaf«[10], verrät Guido mit einem Schmunzeln auf den Lippen und löst das Rätsel auch gleich auf: Die beiden haben sich an Karneval kennengelernt. Guidos Mutter will sich mit ihren Freundinnen in das närrische Treiben stürzen und steht, mit einem Schafskostüm bekleidet, feierbereit in der Küche, als Guido seinen Frank wohl ziemlich nervös das erste Mal mit nach Hause bringt. Dass sein heutiger Mann an diesem Tag geblieben ist und nicht schreiend das Weite gesucht hat, dafür ist ihm Guido mit Sicherheit bis heute dankbar.

Frank Mutters ist 1955 in Goddelau bei Darmstadt geboren. Er ist groß, schlank und sportlich, sein von grauen Strähnen durchzogenes Haar ist kurz und lockig. Durch seine schwarz gerahmte Brille strahlen einen wache blaue Augen an. Frank ist holländischer Abstammung. Sein Vater Dr. Tom Mutters, ist Gründer der Lebenshilfe »Aktion Mensch«, seine Mutter Ursula Mutters eine Schulleiterin. Nach dem Abitur 1975 am humanistischen Gymnasium Philippinum in Marburg an der Lahn studiert Frank an der Kunstakademie Düsseldorf Bildhauerei, Malerei sowie Grafik und Fotografie. Von 1986 bis 1989 hat er ein Atelier auf Ibiza, 1999 zieht er gemeinsam mit Guido nach Mallorca. Viele seiner Werke sind durch seine Wahlheimat auf den Balearen inspiriert, immer wieder bringt er die spanische Sonne eindrucksvoll auf die Leinwand. Als »Schönwettermaler« hat sich Frank allerdings nie gesehen. In vielen seiner Werke geht es um die Einsamkeit und Isolation des Menschen. »So was gibt es natürlich auch im Urlaubsparadies Mallorca«, erklärt Frank.

Die deutsch-türkische Schauspielerin Renan Demirkan charakterisiert in einem Vorwort zu einem im Selbstverlag erschienenen Buch den Menschen Frank Mutters in treffender Weise. Frank habe die Gabe, so schreibt sie, »sich dem Kleinsten mit derselben Hingabe zu widmen wie dem Größten, weil er weiß, dass es nichts Kleines gibt und nichts Großes – denn in allem spiegelt sich das Gegenteil!«[11] Frank Mutters, so Renan Demirkan, begegne jedem Menschen aufmerksam und unvoreingenommen, sei es »ein nerviges Kind, ein bedürftiger Kranker, eine überdrehte Millionärin oder ein tiefmüder Kellner an der Bar«[12]. Für Frank zähle nur der Mensch.

Die Schauspielerin hat einmal das Glück zu erleben, wie Frank Mutters wirklich ist. Es ist bei einer seiner Vernissagen, auf der sich alles tummelt, was Rang und Namen hat, Millionäre und Gönner, zwischen Chanel-Kostümen und Champagner. Es wird diskutiert, lamentiert, kritisiert und gelobt. Doch inmitten all dieser teils surrealen Szenerie gesellt sich Frank zu einer ganz einfachen Frau mit Gehstock und selbst genähten Kleidern und hört zu, wie sie das größte Bild seiner Ausstellung mit herber Kritik kommentiert. »Um dann aber – und genau in diesem Moment zeigt sich das Besondere an dem Menschen Frank Mutters – zu staunen, dass er selbst nie auf diese Idee gekommen wäre«[13], heißt es in dem Vorwort von Renan Demirkan weiter.

Bei der Eröffnung der Ausstellung Frank Mutters' in der Berliner Fashionhow Gallery 2014 zeigt sich auch die »Zimmer frei!«-Moderatorin Christine Westermann als echter Fan des Künstlers. Die Journalistin hat Frank 2008 auf einem Kreuzfahrtschiff kennen- und schätzen gelernt und gehört seitdem zum engen Freundeskreis des Malers. »Es war auch bei mir Liebe auf den ersten Blick«[14], erzählt sie und fügt hinzu, dass es nur zwei Männer gebe, für die sie kopfüber in ein Schwimmbecken springen würde, um sie zu retten. Der eine sei ihr Mann Jochen, der andere sei »Frankie«.

Ja, die berühmte Liebe auf den ersten Blick – Guido Maria Kretschmer und Frank Mutters haben sie erlebt. Ihr Glück haben sie eigentlich dem Zufall zu verdanken – besser gesagt, einem kleinen blinden Cockerspaniel.

Es ist der 4. Juli 1985. Guido weiß das Datum noch ganz genau. Gemeinsam mit seiner Freundin und WG-Mitbewohnerin Sybille ist er in Münster unterwegs. Sybille kokettiert gerne mit dem Spruch: »Ich bin die Sybille und nehm' auch die Pille.« Sie ist eine »Wilde aus gutem Hause«. Mit »wild« meint Guido vor allen Dingen leicht nymphoman. So bekommt sie es hin, dass sie am Tag der Unterzeichnung ihres Mietvertrags erst mit dem Vormieter Sex hat und dann noch mit dem Eigentümer der Wohnung. Guido mag Sybille, denn sie ist einfach ein toller Mensch, mit dem man jede Menge Spaß haben kann.

So auch am besagten 4. Juli vor rund 30 Jahren. Als es anfängt zu regnen, flüchten die beiden in eine Hippiekneipe, einen Ort, an dem getratscht und getrunken wird. Es ist laut, dunkel, voller Leben. Man kann sich vorstellen, wie Guido, an die Theke gelehnt, einen Prosecco auf Eis in der Hand hält, das Outfit perfekt aufeinander abgestimmt, der wache Blick über die Menschenmenge schweifend. Wahrscheinlich hat er schon damals vor seinem inneren Auge Punkte verteilt. Drei Punkte für den Vokuhila-Schnitt des Typen am Nachbartisch. Acht Punkte für den quietschgelben Blazer mit den XL-Schulterpolstern. Sechs Punkte für die Flickenjeans des Kellners. Es sind schließlich die 80er-Jahre.

Doch dann zieht den Jungdesigner etwas in seinen Bann, das mit Mode so gar nichts zu tun hat: ein kleiner Vierbeiner mit wedelndem Schwanz und hängenden Puschelohren. Und dahinter eben Frank, der den Cockerspaniel per Fingerschnipsen durchs Lokal navigiert. Frank ist gewissermaßen der »Blindenmensch« für seinen Hund. Mit dem Schnipsen signalisiert er dem Tier, wo Hindernisse sind. Wie lange Guido dieses putzige Duo beobachtet, weiß er vermutlich selbst nicht mehr so genau. Er erinnert sich nur noch daran, dass er denkt: »Was für ein süßer Hund. Dann sehe ich die Beine, gucke hoch und schau in Franks blaue Augen. Und da denke ich: Da ist er!«[15] Sybille sagt noch: »Guido, das ist meiner, der ist nicht schwul.« Aber da hat sie unrecht.

Und auch um Frank ist es sofort geschehen. Als er Guido sieht, hofft er nur, dass dieser Prachtbursche schon 18 ist. So jung sieht Guido aus. Frank ist damals dreißig, Guido zum Glück schon zwanzig. Dem ersten Date steht also nichts im Wege. Und so gehen die beiden ins

»Hardys«, ein hippes Lokal in Münster. Als sie da sitzen, so vertraut gegenüber, »da hat Frank meine Hand genommen, und es war klar: Wir sind jetzt zusammen. Ganz einfach. Und seit diesem Tag war unser Leben gut.«[16]

Es ist eine Liebe, die von Tag zu Tag inniger und intensiver wird. Und in der Mode eine große Rolle spielt. Frank muss immer die Sachen tragen, die ihm Guido heraussucht und wunderschön findet, »in die ich aber nicht reinpasse«, wie Guido erklärt. Dabei haben die beiden gar nicht so viele Klamotten im Schrank, wie wahrscheinlich die meisten denken würden. Als eine Freundin zu Besuch ist und einen Blick in den begehbaren Kleiderschrank wirft, wundert sie sich, dass da gar nicht so viel drinhängt. Muss es auch nicht, denn die beiden, Guido und Frank, lieben, was sie tragen, und passen dementsprechend auf ihre textilen Schätze auf.

Wenn es doch einmal an der Zeit ist, shoppen zu gehen, stöbern sie im Doppelpack durch die Boutiquen Berlins. Alleine einzukaufen, das mag Guidos Mann nicht. Was vielleicht auch daran liegt, dass »Guido immer weiß, was mir steht«, wie Frank sagt. Der Fashion-Experte habe eben einen mutigeren Griff als er selbst, lobt Frank, der von beiden übrigens der Eitlere ist, wie er offen zugibt.

Wenn die beiden zusammen sind, gibt es für Guido nur noch ihn und sein »Fränkchen«. Kaum kommt er nach Hause, gibt er den Prominenten samt der schwarzen Lederjacke an der Garderobe ab und genießt es, er selbst sein zu dürfen. Und das heißt im textilen Klartext: Jogginghose statt Anzug, Pantoffeln statt Lackschuhe. »Guido, wenn die Leute jemals sehen, wie schluffig du zu Hause herumläufst, schalten die nie mehr ›Shopping Queen‹ ein«[17], hat Frank schon mal zu ihm gesagt. Doch genau das schätzt Guido so an seinem Zuhause: dass er sich einfach einmal wegträumen kann, dass er die freien

Tage zum Abschalten nutzen und zusammen mit Frank eben mal richtig entspannen kann. Dann gibt er den »Textilverweigerer«. Er schlüpft in Wohlfühlklamotten und Wollsocken oder trägt einfach nur Decken um Hüfte und Schultern. Und während Guido fröhlich relaxt, auf der Couch liegt und sich »Downton Abbey« ansieht, wird er, wie könnte es anders sein, von seinem Frank rundherum verwöhnt – fast immer mit zwei besonderen Ritualen: Erst wird er bekocht, meistens sehr exotisch, zum Beispiel arabisch. »Der macht so Zeug, was ich nie kochen würde, aber ich finde es sehr lecker«[18], erzählt Guido. Und anschließend liest Frank ihm noch etwas vor, mit dieser warmen, sonoren Erzählerstimme, die einem durch und durch geht, die die Seele berührt und so umschmeichelt wie ein kuscheliger Kaschmirpullover.

Sich gegenseitig vorzulesen ist eines von mehreren Ritualen, die Guido und Frank pflegen. Es geht auf einen Urlaub zurück, in dem sie nur ein einziges Buch dabeihaben. Da beide es lesen wollen, kommen sie auf die Idee, es sich gegenseitig vorzulesen. »Das ist ein sehr schöner und romantischer Brauch«, sagt Guido. Sowieso lieben die beiden ihre kleinen Rituale, die ihre Beziehung so einzigartig machen. Guido Maria Kretschmer erzählt, dass er jeden Morgen, bevor er in den Tag startet, sehr bewusst wahrnimmt, dass er lebt. Und dass es ihm und seinem Frank gut geht. Gelassenheit, Zufriedenheit, Dankbarkeit – das sind seine Kraftquellen. Dann sitzt er da, auf seinem Bett oder am Frühstückstisch, und denkt: »Ach, haste es schön, ne!?«

Die Beziehung zwischen Guido und Frank ist von Anfang an konstant, verändert hat sich im Lauf der Jahre nur ihr Umfeld. Die beiden leben in der Tat genau so weiter, wie sie sich vor 30 Jahren kennengelernt haben. Sie ärgern sich sogar immer noch über dieselben Sachen. Gestritten wird sich eben auch im Hause Kretschmer, allerdings nie respektlos, niemals unter der Gürtellinie. Darin sieht Guido den entscheidenden Unterschied zwischen seiner eigenen Beziehung und der Liebe anderer: Guido kennt so viele Freundespaare und Ehen, die schreien sich gegenseitig an, sagen Sätze wie »Du blöde Kuh!« Ich glaube, wenn ich das zu Frank je sagen würde, dann wäre Feierabend.«[19] Angeschrien haben sich die beiden noch nie. Jedenfalls kann sich Guido daran nicht erinnern.

Doch trotz all der Harmonie, so ganz ohne kleine Eifersüchteleien geht es auch bei den beiden nicht. Ein bisschen Eifersucht, findet Frank Mutters, ist ganz gut. Das ist das Salz in der Suppe, das Adrenalin. Insbesondere wenn laut Frank seinem Guido mal ein Blick zuviel zugeworfen werde. Treu sind die beiden sich immer gewesen. Vielleicht weil sie wissen, dass ihre Beziehung etwas Besonderes ist, ein Wunder. Und wenn sie sich betrügen würden, »würde es etwas von dieser Heiligkeit zwischen uns nehmen«, sagt Guido. Auch Frank braucht dieses Gefühl, diese tiefe Gewissheit, dass sein Schatz für ihn da ist, auch wenn er vielleicht gerade woanders ist.

Unterwegs ist Guido permanent. Er ist schon immer in der Weltgeschichte umhergedüst, lange still sitzen kann er bis heute nicht. Aber Frank kennt es nicht anders und ist deshalb ganz entspannt. »Den hat der Esel ja nicht im Galopp verloren. Der macht sehr wohl seine eigenen Geschichten«[20], plaudert der Designer in typischer Guido-Manier. Frank ist ein Künstler und kann sich wie jeder intellektuelle Mann gut alleine beschäftigen. Wenn die beiden sich tatsächlich einmal vier Wochen lang am Stück nicht sehen, gibt es ja immer noch das Telefon. All die Jahre hindurch, die die beiden zusammen sind, ist Frank ein konstanter Bestandteil in Guidos Leben

Am 26. März 2012 heiraten die beiden ganz romantisch im Schöneberger Rathaus in Berlin und schwören sich die ewige Treue. »Unsere enge Beziehung ist jetzt noch viel stärker«, sagt Guido. Trauzeugin der beiden ist übrigens ihre gemeinsame Freundin Christine Westermann. Sie ist es auch, die Guido in ihrer Sendung »Zimmer frei!« zu Tränen rührt: In dem »ultimative Lobhudelei« genannten Teil der Sendung tritt Frank Mutters auf und macht seinem Mann eine zauberhafte Liebeserklärung. Der Künstler spricht von der großen Bandbreite, die Guido habe, von den vielen Facetten seiner wunderbaren Persönlichkeit und betont, wie sehr er sich auf die nächsten 30 Jahre mit ihm freue. Er wisse nicht, wie lange sie noch leben, aber er habe das Gefühl, dass sein Guido und er schon ihr ganzes Leben zusammen seien. »Mit dir ist es nie langweilig. Kein einziger Tag. Ich höre dir mit Hingabe zu, wenn du Geschichten erzählst, die ich schon hundertmal gehört habe«[21], fasst Frank seine tiefen Gefühle in Worte. Und Guido? Er sitzt nur da, während ihm die Tränen übers Gesicht kullern. Er nimmt seine Brille ab und wischt sich vorsichtig mit der Hand über die Augen. So ergriffen ist er von den Worten. Es ist das erste Mal, dass sein Ehemann in der Öffentlichkeit etwas so Intimes über die Beziehung mit dem prominenten Designer preisgibt.

Wie innig diese bedingungslose Liebe zwischen Guido und Frank ist, das erlebt Christine Westermann oft, wenn die drei – oder, besser gesagt, zwei, denn Guido trinkt keinen Alkohol – bei einer Flasche Wein zusammensitzen. »Und wenn Frank etwas Schönes erzählt, sagt Guido so aus vollem Herzen: ›Ach, mein Fränkchen‹«[22], erzählt die Moderatorin. Dann spürt sie all die Hingabe, die diese beiden füreinander haben.

Das größte Glücksgeheimnis ihrer Beziehung ist, da ist Frank überzeugt, dass beide frei geblieben sind und sich gegenseitig Freiräume lassen. Und natürlich auch, dass sie so viele gemeinsame Interessen haben. Sie mögen ähnliche Sachen, arbeiten beide kreativ und sind dabei bodenständig. Beide sind Naturmenschen, ziehen auch gerne einmal Gummistiefel an, buddeln in der Erde und graben den Garten um. Das Wichtigste aber ist, den anderen nicht verändern zu wollen. »Ich habe nie verlangt, dass Frank sich für mich ändert«[23], sagt Guido. Die Liebe ist ein Geben und Nehmen.

Und Liebe zu geben, das kann Guido wie kaum ein anderer. Wenn es nach ihm ginge, würde er seine Liebe gerne noch durch drei oder vier oder fünf teilen.

Schwangerschaft wäre fabelhaft

Was macht eine Familie aus? Für die einen ist sie der Fels in der Brandung, für die anderen mehr Fluch als Segen. Was man darunter versteht und wen man dazu zählt, ist daher kaum auf einen Nenner zu bringen. Sind es die Menschen, die den gleichen Namen tragen wie man selbst? Die Ahnen, der Nachwuchs, der Partner, seine Verwandten? Oder sind es die Menschen, die man einfach am liebsten hat? Mit denen man die meiste Zeit verbringt? Sind es diejenigen, die uns am besten kennen und da sind, wenn sie gebraucht werden? Jeder definiert Familienglück anders.

Für Guido wird Familie immer wichtiger, je erfolgreicher und bekannter er wird. Für den Ruhm ist der Zuschauermagnet nämlich eigentlich nicht gemacht. All der Trubel um ihn herum wird ihm sogar manchmal zu viel. Umso mehr zieht es ihn deshalb zu den Menschen, die ihn auffangen und die am Boden geblieben sind – zu seinen Eltern, zu seinen Freunden und vor allem zu seinem Frank.

Wie gerne würde Guido darum eine eigene kleine Familie gründen, sein Liebesglück mit Frank durch ein Kind krönen. Er hat sehr genaue Vorstellungen davon, wie dieses Leben aussehen würde: »Hätte ich schwanger werden können, dann hätten wir acht bis neun Kinder.«[24] Der Designer träumt von einer riesigen Familie und wäre nach eigenem Bekunden gerne mit einer Gebärmutter ausgestattet. »Also, ich wäre dauerschwanger«, witzelt Guido, »Figur total im Arsch, keine Frage.«[25] Kinder würden den Designer sehr glücklich machen und auch für Frank Mutters ist ein eigener Spross ein großer Wunsch.

Frank Mutters selbst spricht davon, dass sie sich nach einem süßen Spross sehnen. Davon, dass er und Guido sicherlich gute Eltern wären.

Die Rollenverteilung wäre allerdings klar definiert. Guido würde, so sagt er, eine fabelhafte Mama abgeben und die Kleinen reichlich mit Selbstgebackenem und natürlich Selbstgenähtem verwöhnen. Die Erziehung allerdings müsste Frank übernehmen. Der würde das definitiv großartig machen, ist der Designer überzeugt.

Leider bleibt der Kinderwunsch der beiden unerfüllt. »Wenn man schwul ist, läuft man Gefahr, dieses besondere Familiengefühl nicht zu erleben, weil man keine Kinder bekommen und die Warmherzigkeit, die man selbst erfahren hat, an niemanden weitergeben kann«[26], seufzt Guido.

Immerhin dürfen er und Frank zumindest eine Zeit lang das wunderbare Gefühl des Elternseins miterleben. Denn die beiden Männer ziehen zusammen ein Kind mit groß, ein wunderbares Mädchen namens Claire. Sie ist die Tochter einer ihrer besten Freundinnen und lebt jahrelang bei Guido und Frank. Wenn der Designer über sie spricht, leuchten seine blauen Augen und man spürt, wie sein stolzes Papaherz in seiner Brust schneller schlägt. »Wenn man Claire heute fragen würde, die würde sicherlich sagen, meine Väter sind auch Guido und Frank«[27], erzählt er. Und auch weil viele seiner Freunde Nachwuchs haben und der Modeexperte hier intensiv am Kinderglück teilhaben kann, mag der Verzicht auf eigene Kinder nicht ganz so schmerzhaft sein.

Wären die Umstände vor 20 Jahren anders gewesen, hätten Guido und Frank bestimmt ein Kind adoptiert. Der Designer ist ein absoluter Befürworter, dass schwule Paare Kinder adoptieren dürfen. Seiner Auffassung nach gibt es nichts, was dagegenspricht. Ein Kind großzuziehen bedeutet für ihn nicht mehr und nicht weniger, als auf es aufzupassen, es auf das Leben vorzubereiten und den Willen zu besitzen, ihm Zeit zu schenken – etwas, das gleichgeschlechtlichen Paaren wie anderen möglich ist. »Warum sollte dieses Recht zwei sich liebenden Frauen oder Männern verwehrt bleiben?«[28], fragt Guido und hofft, dass sich diese Ungerechtigkeit so schnell wie möglich ändert.

Doch noch mauert die Regierung gegen die »Schwulenehe« und damit gegen das Adoptionsrecht für gleichgeschlechtliche Paare. Dabei gehörte Deutschland 2001 noch zu den Vorreitern, als es mit der »Eingetragenen Partnerschaft« schwulen und lesbischen Paaren eine rechtliche Absicherung ermöglichte. Mit der Weigerung, diese Partnerschaften der Ehe gleichzustellen und damit auch eine Adoption zu ermöglichen, hinkt es aber inzwischen anderen europäischen Staaten hinterher. In Dänemark, Schweden, Großbritannien und in den Niederlanden beispielsweise sind die homosexuelle Eheschließung und Adoption erlaubt. Seit Januar 2015 ist das auch in Österreich der Fall. Es gebe »keine sachliche Rechtfertigung für eine aufgrund der sexuellen Orientierung unterscheidende Regelung«[29], begründete das Gericht in Wien seine Entscheidung. Grundsätzliche Bedenken, die darauf abzielen, dass es den Kindern schade, wenn sie mit gleichgeschlechtlichen Partnern aufwachsen, seien ebenfalls unbegründet. Und auch der »Schutz der Ehe« stünde dem nicht entgegen. In Deutschland ist gleichgeschlechtlichen Paaren bisher neben der Stiefkindadoption nur die Adoption eines Kindes durch einen der Partner gestattet. Der andere Partner kann lediglich das eingeschränkte »kleine Sorgerecht« ausüben.

Das Vorbild anderer Länder und die geführten Debatten der vergangenen Jahre machen jedoch deutlich, dass eine rechtliche Gleichstellung früher oder später auch in Deutschland kommen wird. Für Guido und Frank ist das allerdings zu spät. Die beiden haben sich jedoch einen Kinderersatz ins Haus geholt, dem sie jetzt ihre ganze Liebe schenken.

Das Glück kommt auf vier Pfoten

Wenn Guido Maria Kretschmer mit leuchtenden Augen von seiner Familie spricht, meint er damit nicht nur die Zweibeiner um ihn herum. Ganz im Gegenteil. Neben seinem Ehemann Frank sind auch seine Barsoi-Hündinnen Aimée (»Die Geliebte«) und Alaiyha (»Die Erhabene«) sein ganzes Glück. Wer selbst schon einmal mit einem Windhund zusammengelebt hat, kann das verstehen. Barsois riechen und bellen nicht, sie sind so etwas wie imprägniert. Den Designer machen sie süchtig. »Sie sind fast wie lebendige Deko. Irgendwie kultiviert – ach, ich liebe sie abgöttisch!«[30], schwärmt der Modedesigner. Wer ihn in seinem Berliner Haus besucht, dem wird sofort klar, was er mit »Deko« meint. Die beiden schwarz-weiß gefleckten Hunde haben ihren eigenen Showroom – wie soll's auch anders sein. Zwischen dicken Teppichen und einem Tisch samt Blumenvase thronen sie auf ihren pinkfarbenen Prinzessinnensesseln, direkt unter einem riesigen Werbeplakat von Kretschmers Modelabel. Vor ihnen stehen Wasserschalen aus edlem Kristall. Wie sie zu diesen luxuriösen Näpfen gekommen sind, weiß Guido selbst nicht mehr so genau, aber die beiden Hunde »trinken nur noch aus Kristall, leider«, gesteht der Fashionexperte fast schon entschuldigend. Guido fragt deshalb sogar einmal bei Hundetrainer Martin Rütter nach. Der antwortet aber lediglich: »Komm, Guido, lass sie daraus trinken, wenn's ihnen schmeckt.«[31] Also gibt sich Guido geschlagen. Und seither stehen eben überall im Haus herrliche Kristallschalen für die Windhunddamen.

Ob die Neigung zu kostbaren Trinkgefäßen mit dem aristokratischen Erscheinungsbild zusammenhängt, das man dieser Hunderasse nachsagt? Der Name »Barsoi« kommt aus dem Russischen und bedeutet so viel wie »schnell«. Und Tempo machen können die russischen Windhunde allemal. Der Barsoi zählt wie die meisten

Windhundrassen zu den schnellsten Landtieren der Erde. Typisch für ihn ist darum die elegante, edle Gesamterscheinung. Er hat einen langen, schmalen Kopf und relativ kleine Ohren, seine Augen sind groß, mandelförmig und haselnussbraun. An den Rippen und an den Flanken ist das Fell lang und sehr fein. Ansonsten ist das Haar eher kurz und dicht. Bereits im 14. Jahrhundert setzt man den Barsoi im damaligen Russland zur Hetzjagd von Pferden ebenso wie für die Jagd auf Hasen, Füchse, Antilopen und Wölfe ein. Zu jener Zeit gibt es dort sogar ein Gesetz, das für den Diebstahl dieser Hunde eine Strafe vorsieht. Der heutige Barsoi wird aus zehn verschiedenen Schlägen gezüchtet. Die russische Revolution und deren Folgen erschweren die Zucht des Barsois allerdings enorm, ja sie schränken diese sogar regelrecht ein. In anderen Ländern hingegen etabliert sich diese Hunderasse immer mehr. Bis ums Jahr 1914 ist der Barsoi der »Nationalhund« Russlands, nach Deutschland gelangt er Ende des 19. Jahrhunderts. Man darf nicht außer Acht lassen, dass der russische Windhund von Haus aus ein Vollblutjagdhund ist. Wenn sie von der Leine gelassen werden und eine Fährte aufnehmen, kann sich das für den Besitzer durchaus unangenehm auswirken. Ob Guidos Hündinnen auch gerne Hasen oder Rebhühner jagen oder vielmehr auf Kaschmirpullover und Seidenschals anspringen, sei dahingestellt. Tatsache ist, dass diese Hunde von den beiden Herrchen die volle Aufmerksamkeit einfordern.

Wenn Guido auf Reisen ist, kümmert sich Frank um die Fellnasen. Der Künstler arbeitet idealerweise von zu Hause aus, die Barsoi-Damen sind, wenn er malt, bei ihm im Atelier. Diese Lösung ist ideal. Alleine, so sagt Guido, könne er Wesen niemals halten. Schließlich brauchen seine russischen Windhunde nicht nur Platz, Pflege und jede Menge Auslauf, sondern eben auch nette Gesellschaft und menschliche Nähe. So bleiben nachts zwar Guidos Hündinnen in ihrer Ecke, morgens dürfen sie aber durchaus mit ins Ehebett. »Wenn eine kuscheln kommt, kommt die Nächste auch«, lächelt Guido. Zusammen seien sie wirklich süß, erzählt er, sie lägen manchmal so übereinander, dass man gar nicht mehr erkennen könne, wo die eine anfange und die andere aufhöre. Einmal, so erzählt er, passt eine enge Freundin von ihm, eine Künstlerin, auf die beiden Hunde auf. Normalerweise ist es für Fremde eine Herausforderung, sich 14 Tage lang um zwei fremde Hunde zu kümmern. Erst recht, wenn sie so groß und energiegeladen sind wie diese beiden Barsois. Doch seine Freundin ist völlig angetan von den wohlerzogenen Vierbeinern. »›Guido‹, sagt sie zu mir, ›ich will nie wieder einen Mann.‹«[32] Die beiden Hündinnen seien jeden Morgen zu ihr ins Bett gesprungen, hätten sie geküsst und stundenlang mit ihr gekuschelt. Ein Mann habe so etwas noch nie für sie getan. 1:0 für die kalte Schnauze.

Für den Designer sind die Tiere eben Teil seines Lebens. Und so bestimmen sie seine Terminplanung mit. »Ich hatte immer Hunde und ich möchte sie nie mehr missen«[33], sagt er. Denn die Barsois sind für ihn und seinen Mann Frank mehr als nur Haustiere. Als Guido beim Bundespräsidenten eingeladen ist und Frank davon erzählt, ist dessen erste Reaktion: »Können wir auch die Hunde mitnehmen?« »Das sagt doch schon alles aus«, findet Guido. Der Designer fühlt sich erst komplett, wenn seine Vierbeiner da sind, ihm um die Beine streichen und mit treuen Augen zu ihm aufsehen. Sie lassen ihn den Stress vergessen und helfen ihm beim Abschalten. Und sie inspirieren ihn. Die unglaubliche Ästhetik ihrer Bewegungen, ihre Anmut erinnert den Fashionexperten an seine Models. Seiner Hündin Alaiyha würde er am liebsten die wunderbarsten Kleider auf den Leib schneidern, wenn sie ein junges Mädchen wäre. Er benennt deshalb sogar eine seiner Kollektionen nach ihr. Doch wie schöne Frauen (die vierbeinigen eingeschlossen) nun mal so sind, haben auch seine Hunde ihren eigenen Kopf. Sie betteln und springen Besucher an, um jeden – wirklich jeden – zu küssen. Ganze zwei Stunden haben

Guido und Frank mit ihren Vierbeinern eine Hundeschule besucht, dann stellen der Trainer, Frank und er kopfschüttelnd fest, dass die beiden Hundemädchen einfach nichts von Erziehung halten. Oder wie es Hundetrainer Martin Rütter formuliert: »Was soll ich denn da machen? Die sind viel zu nett!«[34] Guido weiß selbst am besten, dass die Hündinnen auf kein Kommando hören. Die kommen nicht, wenn man sie ruft, sondern wenn sie wollen. »Die kommen nur aus Liebe«, so der Designer. »Und das ist ein Wunsch, den ich für mein ganzes Leben habe.«[35]

Abgesehen davon, haben Aimée und Alaiyha nur einen Nachteil: ihre Abneigung gegen Musik. Streicher mögen die beiden stolzen Tiere nämlich gar nicht, und wenn sonntagabends der »Tatort« anfängt, muss Guido bei der Titelmelodie den Ton ganz leise drehen, weil sie sonst sofort anfangen, wie verrückt zu jaulen. Guido schiebt es darauf, dass seine Barsois nun mal sehr kommunikativ seien. Immerhin – und da ist er heilfroh – können sie nicht auch noch telefonieren. Die Rechnung wäre der Horror. Abgesehen davon, dass ständig besetzt wäre. Vermutlich würde Guido aber auch das durchgehen lassen: »Mein Hund ist als Hund zwar eine Katastrophe, aber als Mensch einfach unersetzlich ...«[36]

Und diese tiefe, ehrliche Zuneigung ist alles andere als einseitig. So verwöhnt die beiden Barsoi-Damen sein mögen, so sensibel sind sie im Umgang mit ihren beiden Herrchen. Das beweisen Alaiyha und Aimée besonders an Tagen, an denen sich Guido morgens um vier Uhr aus dem Bett quälen muss, um in aller Frühe zum nächsten Termin zu hetzen. »Die schlafen ja normalerweise sehr lange – aber wenn sie hören, wie ich den Koffer nehme, sind beide da«[37], erzählt er. Dann kommen die Hunde schlaftrunken die Treppe heruntergetrabt. Dabei sind sie noch so müde, dass Guido sie manchmal stützen muss, damit sie nicht umfallen und sofort wieder einschlafen.

Und trotzdem lassen es sich die beiden Damen nicht nehmen, ihrem Herrchen unten in der Halle schwanzwedelnd Adieu zu sagen. »Das ist ein so schönes Gefühl«, schwärmt Guido und sein Herz macht Männchen.

Es ist ein Weilchen her, da wäre genau dieses Herz vor Kummer zersprungen. Denn um ein Haar hätte er eine seiner Hündinnen für immer verloren. Wenn Guido und sein Mann mal weiter weg verreisen, passt eine Hundesitterin auf die Barsoi-Damen auf. Eines Tages hakt die Hundesitterin aus Versehen die Leine falsch ein, sodass sich der Verschluss beim Gassigehen an der Straße löst. Der Hund wartet zwar noch brav auf dem Gehweg sitzend, wird jedoch von ihrer Aufpasserin fatalerweise dafür gelobt. Für das Tier ist dies das Zeichen, dass es jetzt loslaufen darf. Und das tut die Hündin auch. Sie rennt auf die Straße, direkt vor ein heranrasendes Auto. »Zum Glück hat der Rentner den Hund nicht überrollt. Trotzdem, das war schlimm«[38], erinnert sich Guido. Obwohl er nicht selbst dabei war, ist ihm anzumerken, dass er jede Sekunde mitgelitten hat. Vor lauter Freude, dass ihr kleiner Liebling diesen Horrorautounfall überlebt, basteln er und Frank anschließend eine »Überlebenskarte«, die sie an all ihre Freunde schicken, um zu zeigen: Schaut her, es geht unserem Hundemädchen wieder besser!

Inzwischen wohnt sogar ein dritter Windhund bei ihnen und fühlt sich in seinem neuen Zuhause mehr als pudelwohl. Sie bekommen ihn von der Initiative Windhundhilfe e.V., einem Verein, der sich bundesweit um Windhunde kümmert, die ein neues Zuhause suchen. Das arme Tier hat sich sein Bein zweimal gebrochen und ist dadurch ziemlich gehandicapt. »Der ist ganz, ganz niedlich«, schwärmt Guido von dem Familienzuwachs. Und auch ihm soll es natürlich an nichts mehr fehlen und im Hause Kretschmer gibt es ja Platz genug. Nur nicht im Badezimmer – dort wäre es mit drei Hunden nun doch zu eng. Zum Glück können Guido und Frank Aimée und Alaiyha die Vorliebe fürs gemeinsame Duschen wieder abgewöhnen. »Wir waren ja selbst schuld, weil wir so eine große, barrierefreie Dusche haben – da konnten sie problemlos mit drunter.«[39]

Aber auch für diese feuchtfröhliche Vorliebe hat Guido, wie könnte es anders sein, eine logische Erklärung. Alaiyha und Aimée sind mit Fischen aufgewachsen. Als die Hündinnen noch klein sind, gibt es im spanischen Domizil des Modemachers einen idyllischen Teich, mit Koi-Karpfen direkt vor der Tür. Die Karpfen sind so zahm, dass man sie sogar streicheln kann! Manchmal stehen die Hündinnen im Wasser und sehen zu, wie die Fische ihre Pfoten umkreisen. Selbst Guidos Katzen sitzen am Wasserrand und gucken mehr oder weniger interessiert dem Treiben zu. »Mensch, was ist das für eine Harmonie«, denkt sich Guido. Für ihn hat alles, was lebt, eine Berechtigung. Und er glaubt fest daran, dass seine Tiere das auch spüren.

Für Guido sind seine drei Windhunde längst Teil seiner Heimat geworden. Es heißt schließlich nicht umsonst, dass man nicht dort daheim ist, wo man seinen Wohnsitz hat, sondern dort, wo man verstanden und geliebt wird. »Heimat« ist kein geografischer Begriff, man trägt sie in sich selbst. Egal, wo man gerade lebt. Ob in Deutschland oder in Spanien, Guidos zweiter Heimat.

Zwischen Berlin und Mallorca

Das »M« in seinem Namen steht zwar für Maria, es könnte aber auch für Mallorca stehen. Zu der größten Insel der Balearen hat der Designer von Kindesbeinen an eine enge Beziehung. Hier wird Guido gewissermaßen erwachsen. Mit 14 Jahren fliegt er zum ersten Mal nach Mallorca – allein. Und weil der kleine Guido am Flughafen völlig überfordert ist, sich aber, stolz wie er ist, keine Blöße geben will, gibt er sich kurzerhand als sehbehindert aus. Entschuldigung, ich habe meine Brille vergessen, ich bin quasi völlig blind. Wo muss ich hin? Der Trick in Kombination mit seinem charmanten Lächeln funktioniert einwandfrei. Die Stewardessen bringen ihn bis zum Flieger. Nach der Landung hat er vermutlich kurz bereut, die Reise überhaupt angetreten zu haben, denn das Hotel in S'Arenal, in dem er während seines Urlaubs wohnt, entpuppt sich als absolute Horrorpension. Trotzdem: Die gewaltige Schönheit des Mittelmeers entschädigt ihn für alles. Mehr noch: Die faszinierende Insel mit ihren »auf eine seltsame Art toleranten« Bewohnern fesselt Guido so sehr, dass er ganz genau weiß: Hier möchte ich eines Tages wohnen.

Dieser Zauber ist bis heute geblieben. »Immer wenn ich ankomme, könnte ich wie der Papst den Boden küssen«[40], sagt Guido. Man bekomme hier, so schwärmt er weiter, ein Gefühl für Licht und Farben. »Und man kann innehalten. Es ist ein Ort, der herzlich willkommen heißt.«[41] Der Herbst ist für ihn die schönste Jahreszeit auf Mallorca – vor allem dieser eine spezielle Tag, wenn es der Sommer nicht mehr schafft, sich durchzusetzen, und es zum ersten Mal nach Herbst riecht. Dieser Tag ist für Guido etwas ganz Besonderes! »Das ist vermutlich der schönste Duft der Insel«, schwärmt er. Sonnige Herbsttage sind für Guido zudem der Start in eine Zeit der Gemütlichkeit.

Dieses Innehalten ist auch dringend nötig. Wenn der Designer nach Mallorca kommt, ist er nämlich meist völlig ausgepowert und urlaubsreif, körperlich regelrecht schlapp. Aber er ist auch fest davon überzeugt, dass es eine mallorquinische Hirnerweichung gibt, so eine Art Bräsigkeit, die wohl auf das Klima zurückzuführen ist. Die eben dazu führt, dass man sich am liebsten in seine Hängematte legen will, um den Sonnenuntergang zu bewundern oder den unzähligen bunten Schmetterlingen beim Tanzen zuzuschauen.

Im Schnitt drei, manchmal auch vier Monate im Jahr verbringt Guido auf seiner Finca im Süden der Insel. Wenn sich das Tor zu seinem Grundstück öffnet, ist es wie der Eintritt in ein grünes Paradies. Überall stehen Palmen im Garten, das Efeu klettert an den Sandsteinmauern hoch, Bougainvilleen blühen in schönstem Violett. Der Kiesweg führt vorbei an einem Teich voller Seerosen, dahinter zaubern Schilf, Pampasgras und Aloe Vera ein perfektes mediterranes Ambiente. Im Garten der zweistöckigen Finca lädt ein länglicher Pool zum Planschen ein. Dahinter erhebt sich eine riesige Terrasse mit ihren Terracottatöpfen, der geräumigen Outdoorküche und den bequemen Holzmöbeln. Die in den 1940er-Jahren erbaute Villa hat eine gelbe Fassade und dunkelgrüne Fensterläden. Über der Balustrade hängen schwere Gardinen, die das Gesamtbild harmonisch abrunden. Alles sieht so aus, wie man es sich bei Guido vorstellt. Gepflegt, liebevoll, mit einer solchen Wärme, dass man sich sofort wohlfühlen muss.

Das Haus erinnert an ein Atelier, mit vielen, vielen Möbeln und noch mehr Accessoires. Goldene Spiegel, goldene Lampen, goldene Bilderrahmen. Die Wände sind hoch und mit Stuckarbeiten verziert. Die Einrichtung ein kunstvolles Sammelsurium aus Antiquitäten und Erinnerungstücken. Schon mit zarten zwölf Jahren sammelt er Wiener-Werkstätten-Silber, weil er da schon weiß, dass eine solche

Grundausstattung ewig Bestand haben wird. Dazu hier ein Biedermeiersofa, dort zwei Stühle mit verzierten Armlehnen, die er mit 20 in Paris kauft und bei einer Mitfahrgelegenheit nach Deutschland ins Auto stopft. In einer anderen Ecke sein früheres Kinderbett.

Und überall hängen Bilder. Kunterbunt verteilt. Zu seinen Lieblingen gehören eine Zeichnung von Schauspieler Armin Mueller-Stahl und ein Bild einer jungen russischen Malerin, das Guido eigentlich seinem Frank schenken will, aber das davor witzigerweise von Frank gekauft wird, um eben Guido zu überraschen. Auch ein Werk, das einen Hund mit Menschenkörper auf einem Floß während einer Sturmflut zeigt, hängt in der Villa. Guido ersteht es in Hamburg, als er gerade einmal 17 Jahre alt ist. Satte 1000 Mark zahlt er damals und plündert dafür sogar sein Sparbuch. Auch ein Bild von einem mallorquinischen Flohmarkt für gerade mal 5.000 Peseten, das sind circa 30 Euro, reiht sich in die Sammlung ein. Dazu natürlich die vielen Gemälde von Frank selbst. »Ja, Frank ist präsent«, sagt Guido und lässt seinen Blick liebevoll durch die einzelnen Räume schweifen.

Herzstück der Finca ist die großzügige Küche. Über den Schränken mit weißer Front thront eine Arbeitsplatte aus Marmor, an der Decke glitzert ein Kronleuchter aus Kristall. In der Mitte des Raumes steht ein schlichter Holztisch. Guido und sein Frank kochen in der Finca am liebsten mit Freunden. Neben der Küchenmaschine hat Frank sogar einen Stapel von Gästebüchern angelegt, damit sich all ihre Freunde verewigen können.

Abgesehen von der Küche, ist Guido am liebsten in seinem Schlafzimmer. Vor allem dann, wenn Frank in seinem Atelier ist, hält er sich hier gerne auf. In der Mitte des Schlafzimmers steht ein braunes Himmelbett, flankiert von Einbauschränken mit weißen Lamellentüren. Auf den Terracottafliesen liegen Teppiche, vor der Balkontür ruht ein Nostalgiebänkchen. »Ich habe über die Jahre gemerkt, dass ich ein Mensch bin, der gerne im Bett zeichnet«[42], erzählt Guido. Wenn er entwirft, schließt er sich mit seinen Kisten und Zeichnungen ein, lässt den Fernseher laufen oder hört Musik. Dabei kommen ihm dann die besten Ideen. An manch einem Regentag, während er sich mit Arte und Tiersendungen durch den Tag bringt, zeichnet er 200 bis 300 Entwürfe – oftmals die Geburtsstunde einer neuen Kollektion.

Neben der Küche und seinem Boudoir hat Guido auch für seine Eltern ein Schlafzimmer eingerichtet, mit einem Himmelbett und einem Ausblick in den Garten. Er will, dass sie es gemütlich haben. Im ersten Stock gibt es eine kleine Bibliothek. Auch ein Buch von Karl Lagerfeld, die »3D-Diät«, findet sich in den Regalen wieder. Hinter der Bibliothek befindet sich das Esszimmer mit riesigem Kronleuchter über der meterlangen Tafel. Hinter dem ganz in Weiß gehaltenen Raum befindet sich das Wohnzimmer. Hier sind die Tapeten beige-weiß gestreift. Neben dem offenen Kamin stehen zwei cremefarbene Kuschelsofas und goldene, mit Brokatstoff bezogene Stühle. An den Wänden hängen Spiegel, goldene Bilderrahmen und ein Bild mit einem Hund in einer Art Prinzessinnenkleid.

Die Villa ist voll von Erinnerungsstücken, die Guido im Lauf seines Lebens zusammengetragen hat. Sie strahlt verspielte Eleganz aus – und perfekte Reinlichkeit, für die Guido höchstpersönlich sorgt. Der Ästhet verrät nämlich, dass er sehr, sehr pingelig ist. Wenn er zurück nach Hause kommt, viel gearbeitet hat und eben auch ein wenig überlastet ist, dann will er, dass alles genau so aussieht, wie er es verlassen hat. Dann will er, dass die Blumentöpfe exakt gerade stehen, dass der Garten in Schuss ist und dass da keine Blätter auf dem Weg liegen. »Einfach, dass alles jungfräulich ist für einen Moment«, beschreibt es Guido. Und wenn es nicht so makellos ist, wie Guido sich das vorstellt, zieht er kurz die Augenbrauen hoch, seufzt demonstrativ tief und laut aus und fragt seinen Frank, ob die Putzfrau diese Woche denn noch gar nicht da gewesen sei. In so einem Moment weiß Frank ganz genau, wie er mit seinem Mann umzugehen hat. Er nimmt zärtlich Guidos Hände, sieht ihm lächelnd in die Augen und sagt zu ihm: »Guido, wir leben hier, auch wenn du nicht da bist.«[43]

Zehn Minuten später ist die Welt für Guido wieder in Ordnung. Nicht nur, weil der Designer wieder zu Hause sein kann, sondern weil er diese Minuten nutzt, um sich eben sein persönliches Wohlfühlklima zu schaffen. Dann wird alles geradegerückt, Staub gewischt und gefegt. »Er fegt wahnsinnig gerne. Der erste Griff, wenn er nach Hause kommt, gilt dem Besen«[44], verrät seine Freundin Katharina Thalbach. Das Kehren ist für Guido auch ein Mittel, herunterzukommen und die seelische wie die häusliche Ordnung wiederherzustellen. Jedes Teil in seinem Haus steht schließlich ganz bewusst an seinem jeweiligen Platz. Guido weiß, warum etwa dieses eine Bild da hängt und dieser Stuhl dort steht, und er weiß, wo er es gekauft hat. Bei allem! So besitzt er nichts, was für sein Leben keinen Sinn macht. Sondern nur Sachen, »die zu mir gehören«, sagt er. Für Guido sind Mode und Einrichtung, aber auch Architektur und Kunst eng miteinander verbunden. »Wenn man ein Gefühl für Formen hat, dann greift das universal in viele ästhetische Lebensbereiche«[45], erklärt er. Sieht der Designer also Salzteiggebäck an einer Haustür baumeln, weiß er ziemlich genau, wie die Person, die hinter dieser Tür wohnt, denkt. »Zeig mir, wie du lebst, und ich sage dir, wer du bist«[46], fasst er es zusammen.

Neben der Finca auf Mallorca besitzt Guido ein Anwesen im beschaulichen Berlin-Grunewald. Eine alte Villa im Westen der Stadt mit einem 2000 Quadratmeter großen Garten vor der Tür. Die Idee, in die Hauptstadt zu ziehen, kommt dem TV-Star nachts im Hotel. Da Guido nach den Dreharbeiten am liebsten nach Hause fährt oder fliegt, braucht er eben auch ein Zuhause, das in Deutschland liegt. Also sucht er im Internet nach passenden Immobilien und findet binnen weniger Tage genau das, was er will. Doch seine Begeisterung für diese Stadtvilla so offen zu zeigen ist, finanziell betrachtet, keine gute Idee. Denn Guido ist so angetan von dem Haus, dass er sich beim Kauf alle Verhandlungsmöglichkeiten verbaut. Der Makler sagt, die Villa sei 1906 erbaut. Und Guido antwortet: »Ja, für mich!«

In den letzten Jahren ist Berlin neben Mallorca und Münster seine dritte Heimat geworden. Der Designer hat anfangs Bedenken, dass es schwierig wird, weil sein Mann und er schon so viele Jahre auf Mallorca leben. Aber das Haus hat ihn erobert. Genau wie die Stadt. Guido ist inzwischen ein richtiger Fan der Spreemetropole. Er findet es darum auch falsch, die deutsche Metropole mit Paris oder New York zu vergleichen. Berlin hat für ihn einen ganz eigenen Style.

An der Einrichtung der Häuser des Designers ist nichts zufällig. »Wohnen ist Teil meiner Persönlichkeit«, erklärt er. In Berlin, wo er arbeitet, lebt er darum sehr reduziert. Er hat seinen Flügel mitgenommen, ein paar Bilder, »nur ein paar Sachen«. Auf Mallorca dagegen genießt er das süße Leben Spaniens, die Finca ist sein Ferienhaus. »Es ist ein großer Luxus, dass ich jeweils in verschiedene Welten eintauchen kann«[47], sagt Guido in Bezug auf seine beiden Domizile. Er hat für beide Häuser eine Winter- und eine Sommerdeko. Je nach Jahreszeit hängt er andere Gardinen auf und verwendet anderes Porzellan. Einige Ausstattungsmerkmale kreiert er auch selbst: Vor Kurzem hat er sich eine von ihm entworfene Sauna einbauen lassen, auch Tische und Lampen sind bereits nach seinen Entwürfen angefertigt. Das Sofa fehlt noch in seiner Liste, das Design dafür hat er allerdings schon im Sinn.

»Ich mag Mode, ich mag Interior und ich mag Schreiben«[48], fasst der Designer zusammen. Das Schreiben ist neben dem Kreieren von Möbeln inzwischen seine neueste Leidenschaft. Für die französische Manufaktur »S. T. Dupont« entwirft der Designer sogar ein eigenes »Schreibgerät«, inspiriert von seinem Kollektionsthema »Sol y Sombra«. Der Stift (auf 250 Stück limitiert) glitzert nicht nur sommerlich blau, er liegt vor allem gut in der Hand. Das muss er auch. Die Haptik ist dem Designer sehr wichtig, schreibt er doch selbst alles mit der Hand. Das geht bei ihm viel schneller als das Tippen am Computer. Durch das Zeichnen von Entwürfen ist er es gewöhnt, mit dem Stift umzugehen, und wenn er sich verschreibt, streicht er den Fehler einfach durch. Seine handschriftlichen Notizen werden anschließend von seiner Assistentin abgetippt.

Wer gerne quatscht, kann eben auch schreiben. Behauptet Guidos Mutter Marianne zumindest. Und Mütter haben bekanntlich immer recht ...

KAPITEL 3

Der Stoff, aus dem die Träume sind

Jede Frau kann schön sein

Die Mode schreibt ihre ganz eigenen Geschichten. Und wer könnte sie besser erzählen als Guido Maria Kretschmer. Niemand sagt uns schließlich auf solch charmante Weise, was wir tragen können. Und was wir besser ganz schnell in die Altkleidersammlung stecken. Niemand teilt die wunderbaren Formen von Frauen treffender in einzelne Kategorien ein. Sei es das »sympathische Brett« oder im Fachjargon als H-Form bezeichnet, die »zarte Elfe« mit der XS-Statur, die »Sexbombe mit der Doppel-D-Versuchung« oder die XL-Figur, also die »Von-allem-etwas-zu-viel-Frau«. Bei Guido Maria Kretschmer kommt es nicht darauf an, wie Mutter Natur einen jeden von uns geschaffen hat, sondern wie die richtige Mode das jeweilige Naturprodukt perfekt umschmeicheln, eben einfach verschönern kann. »Für mich ist eine Frau schön, wenn das Äußere und das Innere gut zusammengehen«[1], fasst der Designer in einem Satz zusammen. Er liebt es, wenn Frauen elegant gehen. Er mag es, wie sie lächeln – und wenn Frauen die Haare zurückwerfen, am besten in Zeitlupe ganz à la Hollywoodkino, begeistert ihn das vollends. Für Guido ist es daher viel wichtiger, was eine Frau ausstrahlt, dass sie gescheit ist, warmherzig und vor allem gepflegt. Ebenso zählt für ihn, dass sie einen Auftrag im Leben hat, sprich, ihre Mutterrolle gut ausfüllt und eine gute Freundin und Beraterin ist. »Gut, wenn eine Frau dusselig ist, dann hilft alles nichts. Doof guckt oben raus«[2], betont Guido mit diesem verschmitzten Ton in der Stimme, dem niemand böse sein kann. Nach seinem Geschmack muss eine Frau den Look, den sie trägt, mit allen Fasern ihres Seins auch verkörpern. Ein Vamp, der sich als stilles Hascherl entpuppe, strahle nun mal keine Harmonie aus. Wie mit allem im Leben: Es muss einfach passen.

Was genau eine Frau trägt, ist daher völlig egal. Es kann die herrlich flexible Leggins sein, die einfach mitwächst, wenn es an Po, Bauch oder Hüfte mal etwas mehr werden sollte. Genau wie das klassische Kostüm aus Mantel und passendem Rock, also die weibliche Antwort auf den allseits bejubelten Männeranzug. Oder auch das schlichte, aber elegante Cocktailkleid, das seinen Namen keinem Geringeren zu verdanken hat als Designerlegende Christian Dior. Wichtig ist nur, dass eine Frau ihre Mode mit dem größtmöglichen Selbstverständnis trägt. Oder wie Guido es sagt: »Du musst der größte Bewunderer deines eigenen Looks sein.« Eine Frau sollte sich daher einkleiden und nicht verkleiden. Das zeige dann wiederum, dass sie wisse, wann sie sexy sei und das auch ausstrahle. Und wenn sie Mutti sein will, dann darf sie eben Mutti sein. Eine Frau sollte sich nicht irgendeinem Textildiktat unterwerfen und versuchen, ständig einem Schönheitsideal hinterherlaufen. Der Körper, den sie von der Natur geschenkt bekommen hat, ist glücklicherweise auch da, um Kinder zu gebären. Hüften dürfen also rund sein – da hat sich der liebe Gott schon was dabei gedacht. Guido appelliert an die Frauen: »Steht eurer Biologie bitte nicht im Wege!«

Denn sich selbst im Weg stehen, darin sind Frauen sowieso unschlagbar. Fast jedes mit zwei X-Chromosomen ausgestattete Wesen hat die Tendenz, immer – ja, wirklich immer – viel zu selbstkritisch zu sein. Während sich Männer nackt vor den Spiegel stellen, sich stolz auf ihren Wohlstandsbauch trommeln, dabei den Bizeps anspannen und kurz »passt schon« brummen, sind Frauen in puncto Selbstbewusstsein doch eher zurückhaltend. Sie leuchten auch den kleinsten Makel mit den grellen Badezimmerscheinwerfern (dagegen ist das Licht in der Kaufhausumkleide so schmeichelhaft wie ein Weichzeichner!) aus, sie kritisieren und katalogisieren jede Hautfalte. Danach seufzen sie verzweifelt auf, dass der Busen vor fünf Jahren doch noch deutlich praller gewesen sei und die nervige Cellulite am Po um mindestens 400 Prozent zugelegt habe. Mal ehrlich, kein Mann würde je auf die Idee kommen, sich einen Bleistift unter sein bestes Stück zu klemmen, nur um zu sehen, ob er, also sein kleiner Freund, noch genauso straff ist wie damals mit Anfang 20. Nein, Männer machen so etwas nicht. Und Frauen müssen dergleichen auch nicht tun. Deshalb würde es sich auch Guido so sehr wünschen, dass es irgendwann »Endlich 40«-Partys gibt – für Frauen, die Kleidergröße 40 haben und damit zufrieden sind. Für Frauen, die mit beiden Beinen im Leben stehen und deren Gesichter mit Lachfältchen geschmückt sind als Zeichen dafür, dass sie etwas erlebt haben. Älter zu werden ist schließlich ein Geschenk. Und dass man, wenn man älter wird, eben ein wenig in die Breite geht, auch das ist ganz normal. Fühlt euch wohl damit! Nehmt das an. »Frauen sollten mutig sein. Sie sollten zusammenhalten weil sie Unterstützung und Solidarität untereinander brauchen«[3], ermuntert er, denn er weiß, dass Frauen es im Vergleich zu Männern immer noch schwerer haben und viel öfter beweisen müssen, dass sie gut sind.

Dieses gesellschaftliche Ungleichgewicht gilt es darum auszugleichen. Am besten mit Chiffon. Oder Kaschmir. Oder Lotusseide, dem wohl teuersten Textil der Welt, gewebt aus den hauchdünnen Fasern der Indischen Lotusblume, gesponnen an nur einem Ort der Welt, am Inle-See in Myanmar. In Sachen Mode sind nämlich Frauen die absoluten Gewinner. Sie können alles tragen und sich frei für Stil und Varianten entscheiden. »Frauen können sich genau so kleiden, wie sie wollen. Wir sind textil emanzipiert«[4], weiß Guido. Der Anfang dieser Emanzipation liegt für ihn in der Zeit, als das Korsett samt Keuschheitsgürtel weggeworfen wird, weil die Frauen sich sicher sind, dass es auch anders geht. Aber erst in den letzten Jahren kommen diese Lässigkeit dazu und der Mut, all die Formen mit hautengen Stoffen zu betonen. Mehr noch: Trends sind durch die günstige Mode für alle Frauen erschwinglich. »Was zu früheren Zeiten noch elitär war, wird heute für jederfrau umsetzbar«[5], erläutert Guido. »Man kann fast sagen, es gibt jetzt demokratisiertes Textil.«

Und doch muss unterschieden werden zwischen Weiblichkeit und Laszivität. Weibliche Mode hört für Guido Maria Kretschmer nämlich dann auf, wenn die Kleidung eine »absolut sexuelle Message« hat. Zu Hause könne jeder tragen, was er will, gerne auch Lack und Leder, aber wenn man andere mit ins Boot holt oder gar Leute textil erschreckt, dann hört für den Fashionexperten der Spaß auf. Für den Designer ist guter Stil die Harmonie zwischen der Körperform und dem Look, den man trägt. Er bezeichnet ihn auch als »kleine Schwester von Eleganz«, was nichts anderes heißt, als auch mal reduziert durch den Alltag zu gehen. Weniger ist manchmal mehr. Damit genug Raum bleibt für den Menschen, der man ist. »Man darf nie vergessen: Der Kopf guckt oben raus, und ich muss mich immer noch fragen wollen: Wer ist dieser Mensch eigentlich?«[6]

Guidos Stil ist darum ehrlich. Und natürlich feminin. Für eine seiner Kollektionen orientiert er sich darum auch an dem Okapi. Das Okapi gehört zu den Paarhufern, lebt in den Regenwäldern Zentralafrikas und ist ein einmalig verschrobener Mix aus Zebra und Giraffe. Das Fell besitzt ein außergewöhnliches, sehr auffälliges Muster: Der Körper ist rotbraun gefärbt, die Beine schwarz-weiß im typischen Zebralook. Außerdem hat das Okapi einen langen, etwas unförmig wirkenden Hals. Für Guido ist es das schönste Tier überhaupt, »weil es so herrlich verbaut ist«, lächelt er. Das meint er keineswegs respektlos. Nein, das Okapi zeigt auf eindrucksvolle Weise, wie unterschiedlich Mutter Natur sich in Sachen Evolution ausgetobt hat. Da wären diese wunderschönen Augen, der kleine Hängebauch, und diese Geschöpfe haben keinen Hintern. »Ein Problem, das viele Frauen kennen«, sagt Guido. Für den Designer spiegelt das Okapi die vermeintlichen Schwächen in der Figur mancher Frauen: Viele haben ein tolles Gesicht, doch irgendwie sind die Beine zu kurz oder der Popo zu ausladend. Das Okapi jedoch trägt seine kleinen Makel mit Stolz und Würde. Und dieses Selbstwertgefühl will Guido in seiner Kollektion vermitteln.

Er hat darum keine Angst vor großen Größen oder vor älteren Frauen, er will Frauen in ihrer Gesamtheit gut anziehen. Und er zeigt jeder Frau, die seine Sachen trägt, dass er Frauen sehr, sehr schätzt, ihr allergrößter Bewunderer und Gönner ist. Genau das ist sein Erfolgsrezept als Designer. »Jeder von uns hat etwas Schönes, in jeder Konfektionsgröße. Du musst nur gucken, dass du deine Vorzüge stärkst, dann läuft's auch«[7], findet er. Schönheit ist für ihn nicht auf jung oder schlank begrenzt, sie ist eine Kombination von ganz, ganz vielen Merkmalen. Gut auszusehen bedeutet nichts anderes, als aus den körperlichen Möglichkeiten, die man hat, das Beste zu machen. Im Prinzip ganz einfach. Wer ein Doppelkinn hat, sollte Dekolleté tragen, um das Erscheinungsbild zu strecken. Bei dünnen Haaren helfen ein Kurzhaarschnitt, ein schönes Augen-Make-up oder eine moderne Brille. Dicke Haare setzt man in Szene und füllige Ärmchen werden versteckt. Einmal bittet ein Praktikant Guido um Hilfe. Er sagt: »Herr Kretschmer, ich habe so zugenommen, aber ich möchte flott aussehen. Was mache ich denn bloß?«[8] Da schnappt Guido ihn kurzerhand, flitzt mit ihm zwei Stunden durch Zara und H&M und ermöglicht ihm damit nicht nur einen neuen Look, sondern schenkt ihm auch ein Stückchen Selbstwertgefühl. Um schön zu sein, muss man laut Guido einfach nur wissen, wer man ist. Er rät, sich bewusst vor den Spiegel zu stellen und genau hinzusehen: »Wen hat der liebe Gott da gemacht?«

Dass schlanke Frauen im Vorteil sind, ist kein Geheimnis. Mode wird für sie gemacht. Das Weltbild sieht nun mal so aus, dass wir schlank als attraktiv empfinden. Dass auf den Laufstegen zwischen Mailand und Paris eben nur die langbeinigen Gazellen hin und her schreiten. Ob das unfair ist? Aber hallo! »Es gibt sehr schöne 42er und 44er«, betont Guido, der absolut kein Fan davon ist, wenn Frauen zu übertrieben hageren Kleiderständern mutieren. Für ihn ist eine gesunde Beweglichkeit viel essenzieller, als extrem dünn zu sein. Wer vor lauter Diäten kaum noch Treppen steigen kann, sollte aufpassen. Darum lieber etwas mehr auf den Rippen haben und dies gekonnt in Szene setzen. »Mode kann dir eine Welt eröffnen, von deren Existenz du nicht einmal etwas geahnt hast«[9], sagt Guido. Jede Frau kann das erleben, völlig unabhängig davon, wie viele Kilos sie auf die Waage bringt oder wie viel Geld sie auf dem Konto hat. Du kannst ein armes, kleines Mädchen sein, das von einem Luxusleben nur träumen kann. Du kannst zwei kleine Kinder zu versorgen haben, die deinen Alltag zwischen Haushalt und Job dermaßen in Anspruch nehmen, dass die Kittelschürze dein ständiges Accessoire ist. Doch an diesem einen Tag kaufst du dir das eine hübsche Teil, gerne auch aus dem Secondhandladen um die Ecke, und du fühlst dich einmal wie Jackie Kennedy. »Dann sitzt du im Café, und alle glauben, du seist ein amerikanischer Filmstar«[10], schildert Guido. Er weiß: »Mit Mode kannst du alles sein!«

Wenn der Kleiderschrank sprechen könnte

Mode ist so viel mehr als eine profane Verpackung, sie ist auch die Möglichkeit, sichtbar zu machen, was in uns schlummert und uns bewegt.

Die Tür zum Kleiderschrank ist darum auch die Tür zu unserer Seele. »Sage mir, was du trägst, und ich sage dir, wer du bist«[11], so lautet das kluge Zitat der amerikanischen Psychologin Dr. Jennifer Baumgartner. Sie arbeitet während ihres Studiums bei Ralph Lauren und baut sich noch ein zweites Standbein als Stylistin auf. Ihre Agentur »InsideOut« berät Frauen bei Garderobenproblemen, wobei sie selbst beteuert, Menschen nie nach ihrem Äußeren zu beurteilen. Dr. Jennifer Baumgartner ist in den USA so etwas wie die weibliche Version von Guido Maria Kretschmer. Und in einem Punkt sind die beiden sich sicher einig: Viele von uns gehen nicht shoppen, weil sie etwas brauchen, sondern weil sie sich wieder einmal etwas Gutes tun wollen. Und sie shoppen nicht das, was fehlt, sondern oft Dinge, die sie so ähnlich bereits im Schrank haben. So kommen sie vielleicht mit einem Blazer nach Hause, obwohl sie eher eine Regenjacke bräuchten. Oder mit High Heels, auch wenn Sneakers angesagt wären. Unsere Kleidung reflektiert eben, was wir denken und fühlen. Wer also mit Schlabberpulli im Büro oder aufgebrezelt an der Supermarktkasse sitzt, stylt sich vermutlich gegen die Umstände seines Lebens. Ein Schrank voller formloser Klamotten könnte zu einer Frau gehören, die sich für ihr Übergewicht schämt. Oder es handelt sich um eine Mutter, die zwischen Haushalt, Erziehung und Teilzeitjobs schlichtweg keine Zeit hat, um sich über ihr mögliches Outfit an diesem Tag Gedanken zu machen. Doch was würde der Kleiderschrank wohl sagen, wenn er sprechen könnte? »Ich bin zu voll« oder »Räume mich mal auf« wären wohl die ersten Sätze, die er von sich geben würde. Oder er würde sagen: »Hier fehlt etwas, um deinen Look perfekt zu machen« – nur was?

Guido kennt die Antwort. Gäbe es ein Buch »Deutsch-Kleiderschrank – Kleiderschrank-Deutsch«, der Modekenner hätte es geschrieben. Eigentlich hat er mit seinem Ratgeber »Eine Bluse macht noch keinen Sommer« ja schon ein solches Werk vorgelegt. Dort zieht er das Fazit: »Ein kleines Schwarzes ist eben manchmal auch ein großes Dunkles.«[12] Oder anders formuliert: Dank der modischen Vielfalt gibt es inzwischen für jeden Po die passende Hose, für jede Figur das passende Kleid. Besonders die jährliche »Oscar«-Nacht zeigt, wie bedeutsam vor allem Abendkleider sind. Wenn die Reichen und Schönen ihre Glitzerroben auf dem roten Teppich spazieren tragen, wird die eigentliche Preisverleihung zur größten Modenschau der Welt. Für Guido ist das richtige Abendkleid deshalb die Königin im Kleiderschrank. Die überwiegend aus Satin, Samt oder Brokat geschneiderten Kleider sind heutzutage in jeder Form und Preisklasse erhältlich. Ein Muss für jeden besonderen Auftritt – egal, ob es sich um eine Cocktailparty oder die Hochzeit der besten Freundin handelt. In Verbindung mit der passenden Clutch, dezentem Schmuck und schönen Schuhen gelingt dann der perfekte Auftritt.

Ja, über das Thema Schuhe spricht der Designer – genau wie jede Frau – mit am liebsten. »Schuhdesign ist so ein bisschen die Königsliga«, beschreibt es Guido. Er zeichnet wahnsinnig gern alles, was einen Absatz hat, von Stiefeln bis zu High Heels, von Stilettos bis zu Sandalen. Das, was frau an den Füßen trägt, ist das i-Tüpfelchen eines jeden Looks. Der richtige Schuh kann ein Outfit nämlich gänzlich adeln, der falsche es ruinieren. »Und diese enge Verbindung zwischen Schuh und Kleidung, die gehört einfach zusammen«[13], weiß Guido. Nicht ohne Grund kreiert er 2014 für die österreichische Traditionsmarke »Högl« eine eigene Kollektion, die den schlichten

Namen »Guido Maria Kretschmer for Högl« trägt. Es sind Schuhe für »Frauen von 19 bis 99«, wie er sagt. Obwohl er sicher nichts dagegen hat, wenn eine rüstige 100-Jährige mit einem Paar seiner Luxustreter samt elegantem Hüftschwung über den Berliner Kurfürstendamm flaniert. Irgendwie eine niedliche Vorstellung.

Auch von der richtigen Ausstattung eines Schuhschranks einer Frau hat Guido eine konkrete Vorstellung. Vier schöne Paar Schuhe sollte eine Frau mindestens im Schränkchen stehen haben. Eines davon für den großen Abend, dann, wenn sie denkt, heute ist ja mal was Besonderes los. Zwei für den Alltag, also das Büro oder den wöchentlichen Großeinkauf. Und ein Paar Schuhe für den Sport. Dass die meisten Frauen wesentlich mehr Exemplare ihr Eigen nennen, ist allgemein bekannt. Für Guido gibt es allerdings eine Obergrenze: 40 Paar erachtet er als leicht übertrieben, wie er sagt, und 100 wären definitiv zu viel.

Was noch? Eine Schluppenbluse, wenn sie gut gemacht ist. Aus Seide natürlich, Baumwolle trägt schließlich auf. Eine schmal geschnittene Bluse kann zudem sexy wirken. Und wenn eine Frau nun einen Knopf zu viel öffne und der Ansatz vom Spitzen-BH sichtbar werde, seien ihr die Blicke der Bewunderer sicher. Gleichzeitig mahnt der Designer: »Große Größen sollten die Blusen nicht zu eng tragen.« Tops gehören zu jeder Frau, sie sind kleine Helfer und können ausnahmslos von allen getragen werden! Einzige Einschränkung: Die größeren Figurtypen sollten sie als Basis benutzen und »gekonnt mit einer zweiten Lage in Form einer Bluse oder Tunika« tragen. Ein Must-have in Creme oder Schwarz sind zudem Ponchos. Es gibt nichts Kuscheligeres und sie stehen eigentlich jeder Figur. Ein wunderbarer Allrounder.

Ein gut geschnittenes Kleid mit ein wenig Dekolleté und in leichter A-Linie gehört ebenfalls zum Grundsortiment. Es ist figurumspielend und kann wunderbar mit Leggins, Strumpfhose oder nackten Beinen getragen werden. Hosenanzüge in der klassischen Variante mit gerade geschnittenen Hosen und aus gleichem Stoff in einheitlicher Farbe sind eine sichere Bank – »und mit einem längeren Blazer ein Figurschmeichler«. Ein toller Pullover oder Cardigan gehört ebenfalls zu den Basics einer Frau. Schnell mal übergezogen, verändern sie sofort jeden Look und halten zudem auch noch schön warm. Guido Maria Kretschmer empfiehlt deshalb jeder Frau, ein gutes Strickteil zu besitzen. »Feinstrick finde ich persönlich toll, weil es eben auch fein ist«[14], so der Designer. Bei Grobstrick sei dagegen unbedingt auf gute Qualität des Materials zu achten. »Sonst pillt es und dann ist grober Strick nicht schön.«[15] Der Pilling-Effekt entsteht, wenn das Gewebe fusselt und sich an der Oberfläche kleine Knötchen bilden. Allen Frauen steht außerdem ein Mantel, nicht zu lang und nicht zu kurz. Und jetzt kommt der Satz, den viele Frauen lieben werden: Für die üppigere Figur hat Guido einen speziellen Tipp: das Dirndl. »Besonders gut steht es den füllligen Damen.« Es kaschiert Po und die Schenkel und bringt das Dekolleté wunderbar zur Geltung. »Frauen allerdings, die wenig von dem berühmten ›Holz vor der Hütte‹ haben, können mit einem Push-up-BH gerne etwas nachhelfen«[16], empfiehlt er weiter. Einen guten BH sollte sowieso jede Frau in ihrem Besitz (und unter ihrem Oberteil) haben. Denn der richtige Look beginnt mit der richtigen Wäsche.

Ein Hoch auf den BH

Ja, es ist in der Tat eine echte Kunst (und manchmal auch eine echte Herausforderung), auch ausgezogen gut angezogen zu sein. Gute Wäsche ist daher wie ein treuer Partner fürs Leben, der einen behütet, liebt und angenehm berührt – oben wie unten. Für Guido sind Stoffe nicht nur Material, aus dem er schneidern darf. »Ich bin fast allen Materialien verfallen«, gesteht er. Da sich vor allem die Art Stoff, die direkt auf der Haut liegt, gut anfühlen muss, gibt es Dessous in allen Materialien, Farben und Formen. Es gibt sie ganz in Schwarz aus einem Hauch transparenter Spitze, dazu Strapse und jede Menge Fantasie. Es gibt sie als Strings, die mehr zeigen, als sie verhüllen. Und dazu sei gesagt, liebe Mädels, bloß die Fingerchen davon lassen! Es sei denn, man steckt rein zufällig im Körper einer 16-jährigen Brasilianerin, die selbst in ihrem superknappen Glitzer-Samba-Kostümchen niemals richtig nackt oder gar billig wirkt, sondern einfach nur wow! Dessous sind auch in Form von Panties und klassischen Slips, als Baumwollkuschler oder aus kühlem Satin erhältlich. Erlaubt ist eben, was gefällt. Und – das ist Guidos entscheidendster Ratschlag – vor allem, was bequem ist. Frauen sollten nämlich nie etwas zu tragen, worin sie sich nicht wohlfühlen. Je nach Typ dürfen Dessous also komfortabel, aufregend oder praktisch sein. Um die richtige Auswahl zu treffen, empfiehlt er, sich zuerst die richtigen Maße nehmen zu lassen und dann zu schauen, was man gerne tragen möchte – und ob man sich das dann auch traut. »Designer sehen Frauen innerhalb von zwei Minuten in Unterwäsche«, sagt Guido. Ein Job, um den ihn wohl alle Männer beneiden. Der Designer ist überzeugt davon, dass unabhängig von der Konfektionsgröße wirklich jede Frau leicht bekleidet gut aussehen kann. Entscheidend ist nur, dass sie das passende Modell trägt.

Ein perfekter Look funktioniert nämlich nur mit dem richtigen BH, so lautet das Credo von Guido Maria Kretschmer. »Wenn das B für Brust steht und das H für Halt, dann ist schon alles gesagt. Sollte er dann noch aufregend schön sein, ist er oho!«[17] Auch wenn ihm selbst ganz offensichtlich zwei ausschlaggebende Argumente fehlen, kauft man ihm dennoch ab, dass er weiß, was Frauen – von Größe 34 bis 54 – wollen. Es ist ganz offensichtlich, dass der Designer weiß, was Frauen wollen. Ein bisschen erinnert seine Intuition an die amerikanische Komödie »Was Frauen wollen«, in der Mel Gibson plötzlich hören kann, was Frauen denken. Guido scheint aber nicht nur zu wissen, was Frauen denken (wer einmal mit ihm gesprochen hat, der spürt genau, dass er Menschen tatsächlich tief in die Seele blicken kann). Er weiß definitiv, was Frauen gerne tragen und was ihnen steht – egal, ob sie nun Erdmännchen, Elfen oder Walküren sind, so seine durchaus liebevoll gemeinte Einteilung der Figurtypen. Dass Guido dabei selbst gar nicht auf Frauen steht, sieht er als entscheidenden Vorteil in seinem Job: »Wir Designer – und viele sind ja auch schwul – lieben es, Frauen zu perfekten Wesen zu machen, die verführen, ohne sie dabei selbst zu verführen.«[18] Und so schafft es der Modemacher, Frauen hübsch zu verpacken und damit auch den einen oder anderen Mann glücklich zu machen.

Wie wichtig die richtige Unterwäsche ist, lernt Guido Maria Kretschmer schon früh. Mag das kleine Schwarze für die Frau der wichtigste Begleiter sein, so ist es für den Mann die Unterhose. »Damit nichts mehr baumelt«, sagt Guido. Ein Ratschlag seiner Oma lautet: Wenn du ins Krankenhaus kommst und du dich ausziehen musst, solltest du gute Wäsche anhaben. Es lohnt sich, diesen Tipp zu befolgen, denn es ist ja auch möglich, dass man dort spärlich bekleidet den Partner fürs Leben trifft. »Und dann hat man die falsche Buxe an«, witzelt Guido mit einem Augenzwinkern.

Seiner Meinung nach sollten Frauen viel mehr Geld in gut sitzende Unterwäsche investieren. Allen voran in einen perfekten BH. Für ein paar Riemchensandaletten von Manolo Blahnik oder Jimmy Choo gehen die meisten Frauen über Leichen. Auch für ein Sonderangebot einer original Louis-Vuitton-Handtasche ist wohl die eine oder andere Frau bereit, im strömenden Regen zu Fuß und ohne Schirm durch die halbe Stadt zu rennen – und das NACH einem dreistündigen Friseurbesuch. Aber die Unterwäsche ist und bleibt für viele ein Stiefkind – ganz nach dem Motto: aus den Augen, aus dem Sinn, Bluse drüber und fertig. Dabei umschmeicheln BHs genau jene Zone, die die Fraulichkeit betont und die Männer eben auch so dolle finden. Neben den Lippen sind die Brüste das weiblichste Attribut. Das ist auch daran erkennbar, wie viele Frauen sich die Oberweite machen lassen. Bedauerlicherweise ist jedoch ausgerechnet der BH das Kleidungsstück, das am häufigsten schlecht sitzt.

»Die wenigsten Frauen wissen ihre wahre BH-Größe«, erläutert Guido. Seiner Meinung nach müsste es wie beim Brustkrebsscreening auch Busse geben, die durchs Land touren und BH-Größen-Screenings anbieten. Der BH ist nämlich viel mehr als nur ein normales Kleidungsstück. Er ist Grundlage für jeden Look und entscheidet über die Silhouette einer Frau. »Wenn man durch die Kleidung sieht, dass etwas quillt und einschnürt, kann man das ganze Outfit vergessen«[19], erklärt Guido. Jeder Busen brauche daher unbedingt eine gute Verpackung. Das ist wie Architektur. Man kann schlecht ein achtstöckiges Gebäude bauen, wenn das Fundament nicht stimmt. Außerdem – und das unterschätzen die meisten – lasse sich mit guter Wäsche auch eine perfekte Figur schummeln. Man kann schmaler wirken oder sich etwas dazu zaubern, was nicht da ist. Übersetzt bedeutet das: Frau muss die richtige Wahl zwischen Push-up und Minimizer treffen. Neben der richtigen Passform sei allerdings auch die Farbauswahl entscheidend. Es muss nicht immer nur Schwarz oder

Weiß sein. Viel eher sollten die Dessous die Farbe der Oberbekleidung aufgreifen »Das sieht super aus, wenn man mit Transparenz spielt oder ein Träger mal hervorblitzt«[20], sagt Guido. Er weiß, wovon er spricht. Denn der Designer setzt diese Auffassung konsequent in seiner Arbeit um: Die Unterwäschekollektion, die der Designer für »Triumph« entwirft, ist in vier Farbtypen eingeteilt: leuchtend, intensiv, kraftvoll und hell.

Warum die meisten Frauen (und das sind geschätzte 80 (!) Prozent) ihre BH-Größe nicht kennen, dafür hat Guido Maria Kretschmer nur eine Erklärung: weil sich die wenigsten Frauen wirklich aktiv mit ihrem eigenen Körper auseinandersetzen. Und tatsächlich: Wie viele Frauen nehmen sich denn schon wahrlich die Zeit, ihren BH sorgfältig auszuwählen? Die meisten Frauen erledigen das in der Mittagspause im Supermarkt, packen neben Deo, Kalkreiniger und der Großpackung Cornflakes für die Kleinen mal eben geschwind den Büstenhalter in den Einkaufswagen. Am besten noch zwei zum Preis von einem, weil die Träger ja so schnell ausleiern. Dann wird hier ein bisschen gezerrt und dort ein wenig geschoben, doch richtig zufrieden ist frau damit nicht. Wie könnte sie auch? Dazu müsste eine Frau einmal in ihrem Leben in einen Fachhandel gehen, sich von einer Mutti, die da schon seit 20 Jahren verkauft, beraten lassen, denn die sähe die Brüste und erkenne sofort, was gebraucht wird. Ein im Fachhandel erworbener BH sitzt dann auch perfekt. Es geht schließlich um die individuellen Bedürfnisse des weiblichen Körpers.

Und diese Bedürfnisse ändern sich, weil sich eben auch der Körper im Lauf der Zeit verändert. Doch die meisten Frauen haben sich auf ihre BH-Größe eingeschossen, weil sie diese eben schon immer tragen. Sie ignorieren, dass sie älter werden, dass sie vielleicht ab- oder zunehmen, dass sie vielleicht ein Kind bekommen haben und stillen. »All das macht sich am Busen bemerkbar«, weiß der Fachmann.

Vor allem junge Mädchen bräuchten seiner Meinung nach dringend Hilfe beim Wäschekauf. Die meisten Teenager haben die neuesten Apps auf ihrem Handy, aber keine Ahnung von gut sitzenden Cups. Es wird gekauft, was im Katalog zu haben ist. Die Optik zählt dabei mehr als das Funktionelle. Und die Folgen sind spätestens ein paar Jahre später sichtbar und mit ein Grund dafür, warum Schönheitskliniken wie die Bodenseeklinik mit dem Team um Prof. Dr. Dr. Werner Mang jedes Jahr neue Rekordumsätze verbuchen. »Wenn man wüsste, was ein BH alles kann, würde bestimmt auch so manche Brust-OP nicht stattfinden. Ich bin mir auch sicher, dass viele Frauen länger einen schönen Busen behalten würden, wenn sie von Anfang einen BH tragen, der ihnen optimalen Halt gibt«[21], sagt Guido. Ein Hoch also auf den richtigen BH! Oder anders formuliert: auf die hübscheste Verpackung, seit es Mode gibt.

Bauchtasche bitte ohne Bauch

Das zweithübscheste Accessoire ist ein anderer modischer Begleiter, der bei keinem Damenoutfit fehlen darf – die Handtasche! Eigentlich ist das Wort »Tasche« für diesen wunderbaren Alleskönner viel zu wenig. Vielmehr gilt die Handtasche als unverzichtbarer Freund. Sie ist immer bei uns. Sie lässt uns nie im Stich. Sie ist Aushängeschild und Survival-Kit, kurzum, einer der wichtigsten Alltagsgegenstände, die eine Frau besitzt. Ein bisschen übertrieben? Auf keinen Fall! Wenn man sich einmal bewusst macht, was Frauen an Nützlichem und Unnützem mit sich herumtragen, vom Kugelschreiber über die Ersatzstrumpfhose bis hin zum Reiseführer aus dem letzten Italienurlaub, ist klar, wie viel Mühe dahintersteckt, die perfekte Tasche zu finden. Guido Maria Kretschmer weiß das. Und er weiß auch, dass eine Handtasche mehr über das Leben einer Frau erzählen kann als der Ehemann. Sie birgt Gefühle und Erinnerungen, eine ganze Welt aus Zuneigung und Beziehungen. Mehr noch: Die Tasche ist laut Guido die Verlängerung der eigenen vier Wände. Taschen nehmen das Zuhause mit. Darum sollte auch jede Frau eine Art Haupttasche haben, in der die wichtigsten Sachen verwahrt werden und die man sich immer schnell schnappen kann, wenn man weiß, ich muss jetzt aus dem Haus. Die richtige Handtasche gefunden zu haben ist also ein echtes Geschenk.

Doch bis dahin ist es ein langer Weg voll stylistischer Stolpersteine. Denn die Qual der Wahl beim Taschenkauf ist schwer, um nicht zu sagen, eine echte Lebensaufgabe. Das Angebot an großen und kleinen Verführern aus Leinen, Leder oder Lack ist bekanntermaßen riesig. Es ist für Frauen ein bisschen so wie bei der Kuppelshow »Herzblatt« auf der Suche nach dem Mann fürs Leben. Also, liebe Kandidatin, entscheide dich jetzt: Ist es der kompakte Allesträger mit dem großen Henkel, der dir den Atem raubt, oder schlägt dein Herz doch eher für den raffinierten Textilsportler mit viel Sinn für verspielte Details? Oder soll es Kandidat Nummer drei sein, der glamouröse Romantiker mit den abgesetzten Applikationen, der dich in deinem Abendkleid noch umwerfender aussehen lässt? Wer soll nun dein neuer »Mr Bag« werden?

Im Gegensatz zum Ehepartner sind bei Clutch & Co. zum Glück ja mehrere Begleiter erlaubt. Modische Polygamie sozusagen. Guido selbst besitzt fünf Lieblingstaschen, die ihn bereits sein Leben lang begleiten. Eine Tasche, in der er sein Elektrozeug aufbewahrt, voll mit Kabeln, Akku und anderem Aufladezeug. Quasi eine echte Männertasche. Die zweite ist für Kosmetik, Cremes und Lippenzeug reserviert. Dann hat er eine Notfalltasche, ein Geschenk von seiner Mutter – darin befindet sich alles rund um die erste Hilfe, von Propolis über Aspirin bis zur Aloe-Vera-Creme. »Eben alles, was man so braucht, falls man hängen würde oder sich verbrannt hat«[22], sagt Guido. Des Weiteren gibt es noch eine Art Kreativtäschchen, in dem Guido sein ganzes Zeichenmaterial, sein Klebezeug, Post- sowie Farb- und Bleistifte aufbewahrt. Und zu guter Letzt noch Exemplar Nummer fünf, in dem der Designer jeglichen Firlefanz verstaut, auf den er einfach nicht verzichten kann und will. Dazu gehören beispielsweise ein platzsparend eingerollter Schal und eine Kappe, weil Guido am Kopf schnell friert. Im Winter enthält die Tasche natürlich auch Handschuhe und Thermosohlen. Und manchmal sind auch Tampons für seine Freundinnen drin. Man(n) weiß ja nie.

Um für sich die optimale Tasche zu finden, sollte man sich fragen: Was soll die Tasche für mich tun? Wofür brauche ich sie? Außerdem ist es wichtig, auf gute Materialien zu achten: »Ich benutze meine Tasche auch gerne unterwegs als Kopfkissen, deshalb muss sie schön weich sein«[23], verrät der TV-Star. Und natürlich muss eine Tasche

Was er anpackt, wird zu Gold
Guido Maria Kretschmer wird für »Shopping Queen« mit der Goldenen Kamera ausgezeichnet. »Das Wort ›Publikumsliebling‹ hat wieder ein Gesicht bekommen«, ehrt ihn die Jury.

Zwei vom gleichen Schlag
Schönheit ist ihr Handwerk, Stil ihre Leidenschaft. Mit Starfriseur Udo Walz verbindet ihn eine enge Freundschaft. Ihm hat er einen seiner Glücksbringer zu verdanken.

Auf du und du mit Hollywood
Bei »Wetten, dass ..?« holt Gastgeber Markus Lanz den Charmebolzen zu sich auf die Couch – direkt neben Cameron Diaz. Die sexy US-Schauspielerin entpuppt sich als echter Guido-Fan.

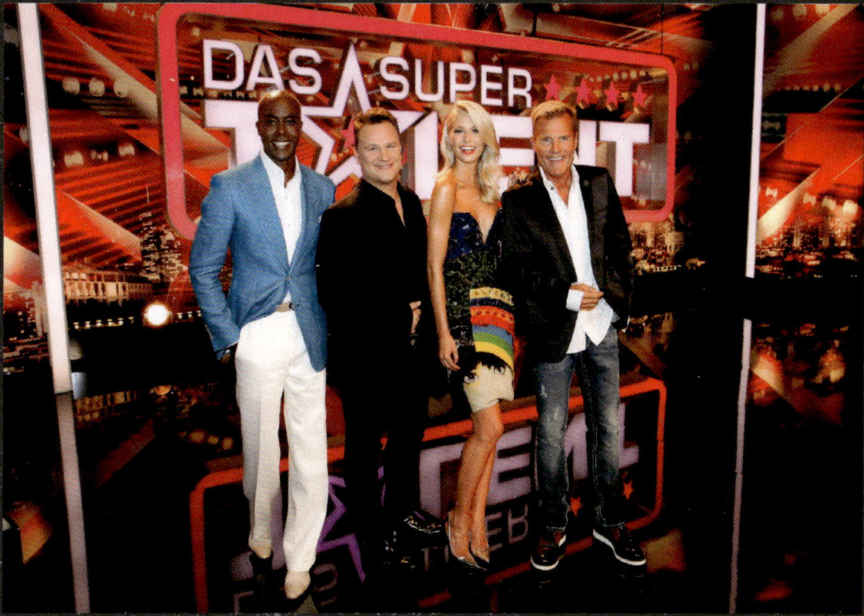

© picture alliance / Axel Kirchhof, RTL

Supertalent sucht »Supertalent«
Zwei Jahre lang sitzt er neben Bruce Darnell, Lena Gercke und Dieter Bohlen (v. l.) in der Jury des Showklassikers. »Meine TV-Familie«, meint Guido.

© Getty Images / Hannes Magerstaedt

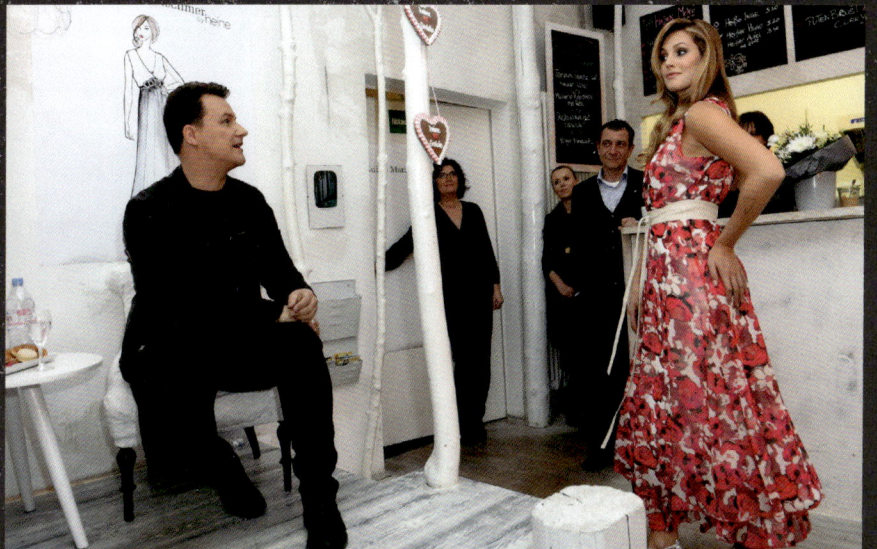

Ein Ästhet in Aktion
Der Designer legt Wert darauf, dass Frauen sich in jeder Größe attraktiv fühlen, entwirft daher eine Plus-Size-Kollektion.

We are family
Mehr braucht er nicht, um glücklich zu sein, als dass seine Liebsten um ihn sind – wie hier beim Deutschen Fernsehpreis mit seinen Eltern und Ehemann Frank.

Ein Fan seiner Fans
Guido weiß, wem er all den Erfolg zu verdanken hat – nämlich seinen treuen Anhängern. Wie kaum ein anderer nimmt er sich Zeit für Autogramme und gemeinsame Fotos.

Er gehört zu mir!
Der Künstler Frank Mutters und Guido sind seit 30 Jahren unzertrennlich. »Es war Liebe auf den ersten Blick«, sagen beide. Wer das Paar verkuppelt hat? Ein blinder Cockerspaniel.

Gewinner der Herzen
Guido und Schlagerkönigin Helene Fischer mit einer ROMY, dem Oscar Österreichs. Die beiden werden in Wien als Superstars gefeiert.

Ein modischer Volltreffer
… ist nicht nur die schöne Fernanda Brandao. Sondern auch Guidos BVB-Fan-Kollektion, die sogar bei der Fashion Week für La-Ola-Wellen sorgt.

Geschmack im Gepäck

Es gibt Taschen, die sind »absolut dein Feind«, weiß der Designer. Für Wrigley's entwirft er darum einen neuen »Freund« für Frauen – seine Reisetasche im kultigen Kaugummilook.

Guido, ich will einen Kuli von dir!

Der Münsteraner selbst schreibt alles mit der Hand. Was also liegt näher, als für seine Fans einen Stift zu kreieren? Natürlich in Blau, passend zu seiner »Sol y Sombra«-Kollektion.

Danke für alles
Die Welt zu verschönern, dafür lebt und schneidert er. Mit Erfolg! Seine Mode ist so gut, dass sie längst die Laufstege von Paris bis New York erobert …

zur Proportion der Trägerin passen. Eine große Frau brauche auch eine große Tasche – eine kleine Frau eine kleine Tasche. Diese Aussage darf man aber nicht wörtlich nehmen, denn eine Tasche reicht natürlich nicht aus. Laut Guido sollte jede Frau mindestens drei Schätze ihr Eigen nennen. Erstens eine kleine Handbag. Die kann man sich in jeder Marke vorstellen. Sie kann teuer oder preiswert sein – einfach eine klassische Lederhandtasche, die über den Arm passt und dir dieses feminine Handtaschengefühl gibt. Tasche zwei muss genügend Stauraum bieten. »Ich glaube an die Kraft der großen Beuteltasche oder der Umhängetasche«[24], so beschreibt es Guido. Gemeint sind ebendiese praktischen XXL-Bags, mit denen es sich wunderbar einkaufen lässt, wo man weiß, dass da mal eben ein Liter Milch reinpasst oder eben auch mal ein Brot. Und als Dritte im textilen Bunde darf die Clutch nicht fehlen – der Typ Handtasche, die Guido als »Helfer« bezeichnet. Und die muss laut Guido so klein sein, dass sie deinen Look ein bisschen adeln kann. Ein Prachtkerlchen aus Glitzer reicht allerdings völlig aus, denn keine Frau braucht 400 oder 500 Clutches im Schrank. Drei Lieblingstaschen genügen. Eine sollte allerdings schön glitzern, denn Guido sieht den Farbtrend bei Taschen zurzeit in Gold, weil es schön ist und wertig aussieht. Grundsätzlich sind Taschen wieder reduzierter, praktisch und gemütlich. Auch metallische Effekte, Grün- und Kupfertöne sind im Kommen.

Für die Kaugummimarke »Wrigley's Spearmint« entwirft der Designer im Herbst 2014 eine Reisetasche – einen geräumigen Begleiter in Sandfarbe mit frischem Rot-Weiß, die an das Big Pack von Wrigley's Spearmint erinnert, also die Kaugummiverpackung, die bereits in den Sechzigern Furore macht. »Der angesagte Sixties-Style war meine Hauptinspiration. Ich wollte eine praktische Tasche für jeden Tag schaffen, so groß wie ein Weekender, mit viel Platz für alles, was man brauchen könnte.«[25] Genau das hält Kretschmer beim Thema

Handtasche grundsätzlich für wichtig. Sie ist eben der perfekte Partner, da man dank ihr immer alles dabeihat, was man auch wirklich dabeihaben möchte. Was für ein textiles Happy End!

Andererseits gibt es Taschen, »die sind absolut dein Feind«, sagt der Modedesigner. »Ich hasse Taschen, die man aufmacht und man findet nichts wieder. Manchmal könnte ich Taschen anschreien und sagen: Gib es her!«[26] Aus diesem Grund zählen auch Rucksäcke nicht zu seinen Lieblingsstücken. Guido ist es lieber, wenn man sie aufmacht und auch gleich sieht, was man mitgenommen hat, und nicht wahnsinnig darin wühlen muss. Er mag deshalb auch keine Taschen mit konischer Form, die oben schmal und unten bauchig sind. Auch Bauchtaschen sollten seiner Meinung nach nur Menschen tragen, die wenig Bauch haben. Wer schon viel Bauch hat, sollte das auf jeden Fall lassen, weil die Tasche dann meistens unter dem Bauch hängt, und das sieht dann auch nicht so schön aus. Ein weiteres No-Go in Sachen Mode sind Handytaschen, die vor allem Männer recht unschön seitlich an der Hüfte tragen, und zwar so, als müssten sie ihre Smartphones genauso schnell ziehen können wie einst die Cowboys ihre Knarren im Wilden Westen. Tatsächlich erinnert dieser Look ein bisschen an John Wayne, der, seinen Revolver umgeschnallt, quer durch die Prärie streift, breitbeinig und mit klirrenden Sporen an den Stiefeln einen Saloon betritt, lässig in den Spucknapf zielt und ein kurzes »Howdy« von sich gibt. Handytaschen sind für Guido ein wenig das Pistolenhalfter für den modernen Mann, ein bisschen High Noon nur eben in Castrop-Rauxel oder Buxtehude. Für Männer muss Mode einfach auch praktisch sein – zumindest die eigene. Bei Frauen setzt ER dagegen andere Maßstäbe. Denn wenn die Kleidung (ihm) zu praktisch ist, kann auch die schönste Frau damit nicht punkten.

Männer hassen Ballerinas

Mal ehrlich, Lachs ist für Männer keine Farbe, sondern etwas zu essen. Den Unterschied zwischen Creme und Champagner verstehen sie ebenso wenig wie die Tatsache, dass Cyan, Petrol, Türkis und Mint völlig unterschiedliche Töne sind. Und auch wenn die meisten Männer spätestens seit Claudia Schiffer und Cindy Crawford wissen, dass 90-60-90 irgendetwas mit harmonischen Proportionen zu tun hat, so sind sie modemäßig doch eher einfach gestrickt. Aber, und das ist der springende Punkt, auch wenn sich die Herren der Schöpfung im Allgemeinen nur wenig für Stylingfragen interessieren, so haben sie doch eine ganz genaue Vorstellung davon, was ihnen gefällt und was nicht. Guido Maria Kretschmer kann das nur bestätigen. Er kennt und versteht beide Seiten, die männliche und die weibliche. »Ich habe Frauen sehr gern und bin auch eine(r) von ihnen, das ist vielleicht das Geheimnis«[27], verrät er. Durch seinen Beruf ist ihm die Welt der Frauen nun mal ganz nah, gleichzeitig ist er dankbar und froh, ein Mann zu sein. Schließlich hätte er gar nicht die Figur für ein Kleid, wie er sagt: »Ich könnte nur Hosenanzüge tragen. Aber ich wäre sicher eine sehr sympathische Frau.«[28] Und eine gut gekleidete dazu. Der Designer weiß eben genau, was einer Dame steht. Und als Mann kann er beurteilen, was Männern an einem Outfit am besten gefällt.

Dieses Wissen versucht Guido in seiner Sendung »Shopping Queen« zu vermitteln. Es ist ihm ein Anliegen, seinen Kandidatinnen beizubringen, dass es Sachen gibt, die Frauen zwar toll finden, weil sie super bequem sind, die Männer aber so gar nicht mögen. Ballerinas sind dafür das beste Beispiel: »Männer finden diese Schuhform sehr, sehr unsexy. Das löst bei ihnen einfach nicht diese Art von Initialzündung aus: ›Ach, die möchte ich gerne!‹«[29] Es hat schließlich einen Grund, warum auf erotischen Fotos die Frauen immer 20 Zentimeter hohe High Heels zu ihren Dessous anhaben (falls sie überhaupt irgendwelche Dessous anhaben) und nicht in Ballerinas posieren. Auch wenn diese süße Schleifchen vorne haben, also die Schuhe, nicht die Männer. Gleiches gilt für den extremen Oversize- und Lagenlook, auch da schauen Männer lieber woanders hin. Nämlich zu den Frauen, die ihre Kurven zeigen, statt sie hinter kiloweise Textil zu verstecken. Es geht nicht darum, dass alles immer megasexy sein muss, aber Männer wollen eine Frau, die natürliche Eleganz ausstrahlt. Männer bräuchten gar nicht so einen Stylingalarm.

»Anmut ist ein weibliches Attribut und das lieben Männer einfach an Frauen«[30], sagt Guido. Ein Look, der bei IHM garantiert ankommt, ist ein Bleistiftrock. Oder leicht schwingende Kleider, die Weiblichkeit rufen, aber nicht ordinär wirken. Wichtig ist, dass die Kleidung und die Frau, die darin steckt, ein harmonisches Gesamtbild abgeben. Auch plumpes Busenzeigen ist nicht immer die Lösung für Stylingprobleme. Guido zufolge sollte die Devise lauten: »Ich betone gerne, was ich habe, will aber meine Brüste nicht jedem sofort unter die Nase reiben.«[31] Guidos Rat: Sucht euch darum besser einen netten Mann, der nicht nur das pralle Dekolleté will, sondern auch den Rest.

Unabhängig davon, was Männer wollen (oder auch nicht), gibt es ein paar Fashion-No-Gos, die Guido charmant als modischen Albtraum bezeichnet. »Die Leute sind textil so verwirrt, weil es zu viel gibt«[32], beschreibt es der Designer. Natürlich ist Mode in erster Linie Geschmackssache, aber das Gesamtbild muss stimmig sein und zu den Vor- und Nachteilen des jeweiligen Körpers passen. Nicht jede Hose ist für jeden Hintern gemacht, nicht jede Bluse für jeden Busen. Wenn du untenherum eher kräftig gebaut bist und trägst dann eine einzige Chrysantheme auf dem Allerwertesten, dann ist das vielleicht nicht das richtige Muster. Frauen mit großem Brustumfang steht kein Shirt, das vorne rechts und links mit zwei riesigen Hibiskusblüten verziert ist. Außerdem gibt es Kleidungsstücke, die sollte einfach keine Frau mehr tragen, ganz egal, wie üppig oder püppig sie aussieht. Modische Sünden, die Guido nicht mehr zu Gesicht bekommen möchte, sind: Schulterpolster, die so breit sind, dass man nicht mehr durch die Tür kommt. Latzhosen aus Cord. Oder der Bushaltestellenparka, mit dem man aussieht wie bei Aktenzeichen XY. Die Fashionsünde Nummer 1 sind für Guido allerdings Wachsbeschichtungen aller Art. Liebe Frauen und Männer da draußen, das geht gar nicht. »In der Mode ist es wie im Straßenverkehr, man muss immer mit dem Fehlverhalten der anderen rechnen«[33], witzelt er.

Colour-Blocking ist seiner Ansicht nach auch ein Fall für die Modepolizei. Wer also eine grüne Hose mit lilafarbenem Hemd und zum orangefarbenen Blazer kombinieren will, der sollte das nur zu Hause tun und dieses Outfit nicht in der Öffentlichkeit tragen. Wer sich unbedingt mit einem Regenbogen umgeben will und seine Farben mixen möchte, sollte den Colour-Blocking-Effekt allerdings etwas absoften, indem man zu Kleidungsstücken in Knallfarben etwas Schwarzes oder Weißes trägt. Generell aber sollte man nie mehr als zwei Farben miteinander kombinieren. Auch die Zeit der Federn ist seit Winnetou und Old Shatterhand vorbei. Ob als Anhänger an Ketten oder Ohrringen, als Brosche oder als Haarschmuck – »damit sollte jetzt endlich mal Schluss sein«, findet Guido. Wer auf Federn nicht verzichten möchte, sollte sie zumindest sparsam einsetzen. Hier ist, wie so oft, weniger mehr. Auch zu viel Haut zu zeigen ist so eine Sache. Gefährlich, gefährlich. »Ich würde bauchfrei auf jeden Fall immer weglassen«, rät Guido. Es sei denn natürlich, man hat einen Waschbrettbauch à la Helene Fischer, den sie wie bei der letzten Weltmeisterschaftsfeier in ein kurzes Fußballtrikötchen steckt und damit für mehr Beifall sorgt als Jogi, Schweini & Poldi zusammen.

Vergessen sollte frau auch das ganze Shortsthema, wenn sie zu kurz und zu eng sind. Mädels, damit tut ihr euch keinen Gefallen.

Auch Piercings steht der Designer äußerst kritisch gegenüber. Piercings im Gesicht zumindest sind für Guido eine nicht nachvollziehbare Zerstörung. Ab Hals abwärts ist alles erlaubt, doch sollte man gesellschaftlich kompatibel bleiben.

In Sachen Tattoos hofft Guido auf die Rückkehr des »Arschgeweihs«. Das längliche, symmetrische Tribal am unteren Rücken steht im Prinzip jeder Frau, es kann offen getragen oder versteckt werden, je nachdem, ob eine Party oder ein Geschäftsessen auf dem Programm steht. Schwierig wird es, wenn junge Mädchen heutzutage riesige Schmetterlinge auf der Brust tragen und nicht wissen, was sie dazu anziehen sollen. An ein besonders abschreckendes Tattoo erinnert sich Guido ganz genau. Da ist eine Frau um die 65 Jahre, die hat sich mitten im Dekolleté, genau zwischen ihren Brüsten, einen riesigen, quietschgelben »Tweetie« tätowieren lassen. Der Schock steht dem Designer noch heute ins Gesicht geschrieben, hat sich doch diese Frau, wie er sagt, »modisch selbst ins Aus geschossen«. Denn was soll man zu einem solchen »Tweetie« tragen? Ein schönes Abendkleid mit Dekolleté? Fehlanzeige! Eine transparente Bluse? Bloß nicht! Guido selbst sieht in dem »Tweetie«-Tattoo allerdings noch ein größeres Problem, das eher im zwischenmenschlichen Bereich angesiedelt ist: »Ich habe gesagt: Sie werden nie wieder vögeln können!« Welcher Mann will schließlich schon mit einem Quietscheentchen ins Bett? Man kann sich die Szene bildhaft vorstellen: Alles beginnt mit einem romantischen Abend bei Kerzenschein. Der Mann lädt seine Eroberung erst in ein richtig schickes Restaurant ein, verwöhnt sie mit Champagner und einem Dutzend Austern. Nach dem Dessert entführt der Gentleman seine Herzensdame auf die Tanzfläche und flüstert ihr ins Ohr, dass sie in dem hochgeschlossenen

Kleid unglaublich attraktiv aussieht. Danach fährt er sie nach Hause, bringt sie zur Tür, bis die beiden die Leidenschaft packt und der nicht jugendfreie Teil des Abends beginnt. Sie reißt ihm das Hemd vom Körper, er ihr das Kleid. »Und dann liegt da ›Tweetie‹ im Bett! Nein, das geht nicht«[34], zeigt sich Guido echauffiert. Da ist tote Hose vorprogrammiert. Sein Fazit lautet: Mit »Tweetie« auf der Brust vergeht dem Mann die Lust.

Mit der richtigen Typberatung wäre das nicht geschehen.

Wie alles im Leben muss man eben auch den richtigen Umgang mit Mode lernen. Und wenn es mit dem Holzhammer geschieht oder in Guidos Fall mit dem Kleiderbügel bei C&A. Als kleiner Junge hat er einmal das Vergnügen, mit seiner Mutter eine neue Jeans einzukaufen. Ein Shoppingerlebnis, das Guido wohl nie wieder vergisst, auch dann nicht, wenn er über 100 Jahre alt wird. Er weiß noch genau, wie sie mit einem »Wusch« den Vorhang der Umkleidekabine aufreißt, an ihm und der viel zu engen Hose herumzupft, natürlich nicht ohne all dies noch lautstark zu kommentieren mit Sätzen wie: »Komm bitte raus, ich habe dir gesagt, sie ist zu eng.«[35] Nachdem also die gesamte Belegschaft inklusive sämtlicher Kunden (das Publikum rund um die Kabine wurde immer größer) mitbekommen hat, dass dem kleinen Guido mit den kräftigen Schenkeln die Hose nicht passt, weiß er, wie wichtig es ist, dass der Kabinenvorhang nur dann aufgeht, wenn man es selber möchte. Wenn man mit sich und seinem Äußeren im Reinen ist. Er hat sich geschworen, niemals ungefragt bei anderen in die Umkleidekabine zu platzen. Diesen Vorsatz befolgt er bis heute, sei es bei privaten Einkaufstouren oder in seiner Erfolgssendung »Shopping Queen«.

KAPITEL 4

Ab ins Fernsehen

Mit »Shopping Queen« fängt alles an

Alle schauen »Shopping Queen« – nur einer nicht, Guido selbst. Der Designer guckt sich tatsächlich nie eine seiner Sendungen an, weil er sich im Fernsehen nicht ertragen kann. Er findet immer, er sehe aus wie 190 Kilo, und denkt: ›Guido, tu's nicht!‹« Er tut's trotzdem, stellt sich weiterhin tapfer den Fernsehkameras. Und ein Ende ist zum Glück aller Fans noch lange nicht in Sicht.

Bereits seit dem 30. Januar 2012 läuft »Shopping Queen« auf VOX. Das Erfolgskonzept ist bis heute unverändert: Pro Woche treten fünf Frauen an fünf aufeinanderfolgenden Tagen gegeneinander an, um in jeweils nur vier Stunden ein bestimmtes Outfit inklusive Schuhe, Schmuck, Accessoires, Frisur und Make-up zu gestalten. Das Styling steht immer unter einem bestimmten Motto, der Schwierigkeitsgrad ist unterschiedlich. Mal steht die Bluse im Fokus, dann ein Trendteil aus Leder, mal muss ein Look für das Vorstellungsgespräch kreiert werden. Für eine Berliner Shoppingrunde beispielsweise lautet die Aufgabe: »Eine Frau für alle Fälle – verwandle dich auf dem Laufsteg von der perfekten Schwiegertochter zur Femme fatale!« So ein »sexy Motto« ist für Guido allerdings das Schlimmste, da hat er regelrecht Angst davor, wie er verrät. Denn sexy interpretieren leider viele Frauen so, dass sie sich endlich einmal »wie eine Nutte anziehen dürfen«, obwohl sie das natürlich gar nicht so meinen. Aber »das machen die«, zeigt sich der Designer regelrecht verzweifelt. Bedeutet im Klartext: rein in die Netzstrumpfhose, sich ins Mieder zwängen und mit dem Schuhlöffel in die Lackstiefel schälen. »Oje« statt »Oh, là, là!«

Das Shoppingbudget von 500 Euro wird in einem Umschlag überreicht. Die guten Ratschläge von Guido gibt es gratis dazu. Nicht selten verzieht er während der Einkaufstouren gequält das Gesicht, stößt immer wieder einmal ein entsetztes »Nein, nein, nein« aus oder wünscht sich, er könne schwache, aber schmerzhafte Stromstöße in den Kleiderbügel mit dem neonfarbenen Schlauchkleid senden, den eine der Kandidatinnen in den Händen hält. Oder dann, wenn sie zu Polyester greift, ein »fieses Material«, das Guido schon beim Zuschauen unangenehm zwischen den Fingern kribbelt. Wenn er da so auf seinem Hocker sitzt, meist schick im Anzug, und die modischen Gräueltaten vieler seiner Kandidatinnen über sich ergehen lassen muss, dann kann man verstehen, dass er Sätze sagt wie: »Wenn sie jetzt noch die Strumpfhose für 4,95 Euro kauft, dann schreie ich!«[1] oder »Bitte, geh zurück in die Kabine!« Aber nicht nur zu seinen Kandidatinnen findet er amüsante Kommentare, auch die eine oder andere Shoppingbegleitung wird von Guido mit einem kurzen »Mein Gott, reiß dich mal zusammen« in ihre modischen Schranken gewiesen. »Shopping Queen« ist schließlich kein Kindergeburtstag. Es geht immerhin um den Titel einer Königin und dazu um 1000 Euro. Und am Ende des Jahres wird die Gesamtgewinnerin noch auf »eine Megareise geschickt«.

Doch die eigentliche Reise beginnt schon viel früher. Sehr viel früher. Denn wenn man als Bewerberin die finale Zusage für eine Teilnahme bei »Shopping Queen« bekommt, geht schon der erste kleine Stress los. Jede Kandidatin muss im Vorfeld ihre jeweiligen Wunschläden in ihrem Umkreis auflisten. Große Modeketten wie H&M, Zara oder Mango sind dabei so gut wie tabu. Erstens wäre ansonsten der Unterhaltungsfaktor für den Zuschauer gleich null, schließlich kennen die meisten Frauen dort sämtliche Regale auswendig und können sich schon im Kopf ihr Wunschoutfit zusammenstellen. Zweitens herrscht bei den bekannteren Modeketten in der Regel Drehverbot, damit der Geschäftsbetrieb nicht gestört wird. Viele andere Läden erteilen nur an bestimmten Tagen außerhalb der Stoßzeit eine Drehgenehmigung. Welche Läden von ihrer Wunschliste nach diesen Streichungen überhaupt noch zur Verfügung stehen, erfahren die Kandidatinnen erst morgens am Tag ihrer Stylingaktion, wenn das Kamerateam vor der Tür steht. Die Freitagsladys haben es meist schwerer als die Montagsdamen, denn um zu vermeiden, dass ähnliche Outfits gekauft werden, fallen sämtliche Boutiquen, die von der Konkurrenz bereits angesteuert wurden, für die nachfolgenden Kandidatinnen weg. Da ist eine gute Logistik gefragt – und noch bessere Nerven.

Gedreht wird den ganzen Tag, von morgens um neun bis spätabends. Zwölf Stunden sind dabei keine Seltenheit. Für die Kandidatinnen bedeutet das vor allem eines: warten! Bis die Kamerateams, meist sind es zwei Zweierteams, auch in den Wohnungen der Teilnehmerinnen sämtliche Einstellungen im Kasten haben, dauert es schließlich. Was zum Schluss für den Zuschauer auf angenehme 45 Minuten zusammengeschnitten wird, ist für die Shoppingladys eben knallharte Arbeit. Das beginnt bei den ersten Interviews morgens in den eigenen vier Wänden und endet auf dem Laufsteg zum Schluss der Sendung. Die Kandidatinnen müssen auch nicht nur einmal über den Catwalk flitzen, sondern gleich mehrmals, und zwar aus jeder Kameraperspektive. Erst ohne Publikum, dann mit Publikum. Das Ganze folgt einem genauen Plan: zunächst das Klatschen der Mitkandidatinnen auf ihren weißen Stühlen, danach das Posing auf dem Laufsteg. »Shopping Queen« – Klappe, die 34ste – und Action.

Apropos Action: Auch die vier Stunden, die den Kandidatinnen zum Shoppen zur Verfügung stehen, können nicht ganz genutzt werden. Dass die Fahrten zu den einzelnen Läden von der Zeit abgezogen werden, ist bekannt. Was die meisten aber vergessen, ist, dass auch innerhalb der Läden fleißig gedreht wird – wie gehabt aus allen Blickwinkeln. Jedes Teil, das in den Händen der Kandidatinnen landet, wird mehrfach von der Kamera eingefangen: von vorne, von hinten und von der Seite, jedes Detail wird genau unter die Linse genommen. Bei Schuhen gibt es natürlich einen zusätzlichen Schwenk auf die Sohle. Das ist wichtig, damit sich Guido alles genau ansehen und anschließend kommentieren kann. Doch diese Schnittbilder kosten Zeit. Wertvolle Shoppingzeit. Pro Kleidungsstück fallen dadurch im Schnitt zwei bis drei Minuten extra an. Bei zehn ausgewählten Kleidungsstücken beläuft sich das locker auf 30 Minuten. Wer dann auch noch das Pech hat, an eine übereifrige Verkäuferin zu geraten, die weitere 30 Teile in die Garderobe bringt, weil sie es gut meint und helfen will, wird im wahrsten Sinne um weitere Zeit »beschnitten«. Denn jedes von der Verkäuferin ausgehändigte Stück wird ebenfalls gefilmt. Aus jeder Perspektive. »Big Guido is watching you!« Daher lautet die Devise: Weniger ist mehr. Und: Gas geben!

Wenn der rosafarbene »Shopping Queen«-Bus in eine Einkaufsstraße einbiegt, gehen deshalb viele Passanten schon freiwillig zur Seite. Kaum geht die Autotür auf, stürzen sich die Krönchenanwärterinnen auf alles, was auch nur ansatzweise nach Textilien aussieht. Da wird durch das Schuhgeschäft gejoggt, das wird jedes Regal umgegraben, die Verkäuferin wird mit immer neuen Sonderwünschen zur Weißglut gebracht und frau zieht sich x-fach an und aus – nur unterbrochen von panischen Sätzen wie »Wie viel Zeit habe ich noch?« oder »Dürfte ich mal vor?!«

Derweil werden die vier Konkurrentinnen in der Wohnung zurückgelassen und dürfen ausgiebig im (oftmals riesigen) Kleiderschrank herumschnüffeln. Vorher gibt es noch einen Prosecco, nachher die Punkte und dazwischen jede Menge kleinere und größere Lästerattacken seitens der Kandidatinnen. Unter der Woche bewerten sich die Damen nach dem Lauf über den Catwalk gegenseitig, am Ende einer jeden Einkaufswoche geht es zu Guido nach Berlin, wo der Chef persönlich die Tafeln zückt. Guido lobt gerne und viel, aber manchmal geht es eben so ganz und gar nicht. Seine Sprüche sammeln die Fans auf unzähligen Internetseiten, Kommentare wie: »Da ist ganz schön was los auf der Brust.« Oder: »Textiles Verhütungsmittel: Wer so was anhat, wird nicht schwanger.« Als eine zu blass geschminkte Kandidatin eine Boutique betritt, meint Guido nur völlig trocken: »Mein Name ist Tod. Ich möchte hier einkaufen.«

Doch egal, wie lustig sich seine Kommentare für Außenstehende anhören mögen, für Guido ist es wichtig, in seiner Kritik nie zu weit zu gehen. »Er denkt sehr wohl darüber nach, wie er was verpackt«[2], verrät Peggy Herzog, seine langjährige persönliche Visagistin. Und er kontrolliert sich dabei selbst, weil er nicht will, dass die Frauen sich schlecht fühlen. Wenn er den Eindruck hat, dass mit ihm doch einmal die Gäule durchgegangen sind, dass seine Wortwahl nicht richtig war, bittet er im Nachhinein darum, den Kommentar nicht zu senden und das Ganze noch einmal neu aufzunehmen.

Guido hat in den letzten Jahren bei »Shopping Queen« nicht nur viel Erstaunliches gesehen, sondern auch viel Merkwürdiges erlebt. In Hamburg sucht er die »Trauzeugin der Herzen«. Kandidatin Gaby – von ihm liebevoll als »hanseatische Kaffeemutti« bezeichnet – trinkt sich vor lauter Nervosität wegen ihres Auftritts im Fernsehen erst einmal ein wenig Mut an. Schon zum Frühstück gibt es einen Piccolo. Als die Konkurrentinnen eintreffen, geht es munter alkoholisch weiter, sodass Guido witzelt, Gaby lege wohl einen Obsttag ein. Nur dass sie statt Früchten Obstler zu sich nimmt. Ein von Gaby ausgewähltes Kleid beschreibt der Stardesigner als »Bratschlauch mit Seitenglitzer«. In Hannover lässt sich Guido von einer Frau wegen ihres grünen Nagellacks zu dem Spruch »Wie so 'ne alte Kröte« hinreißen. Und auch bei »Shopping Queen« in Stuttgart geht es nicht ganz ohne eine kleine bissige Fußnote seinerseits. »Das ist kein kleines Schwarzes, das ist schwarzes Elend«, witzelt er über das Kleid einer Kandidatin.

Bei aller Selbstkontrolle: Eine Dame schafft es tatsächlich, den Designer völlig aus der Fassung zu bringen: Sie lässt sich von dem Geld, dass sie zum Einkaufen ausgehändigt bekommt, einfach Botox spritzen, also Nervengift, dass die Falten im Gesicht verschwinden lässt. »Das konnte ich nicht verstehen – das war nicht ›Shopping Queen‹ für mich. Dafür musste ich ihr einfach null Punkte geben«[3], ereifert sich Guido im Nachhinein. Es ist das einzige Mal, dass der Designer die »0 Punkte«-Tafel zeigt. Die Bestnote, also zehn Punkte, vergibt Guido allerdings auch selten – bisher weniger als zehnmal.

Noch begehrter als die »10 Punkte«-Tafel sind Guidos Geschichten aus dem Leben. So erzählt er zum Beispiel in der Nürnberger Woche von einer Dame, die im Flugzeug neben ihm saß und die der festen Überzeugung war, dass es im Alpenland Österreich viele schöne Strände gibt. »Die war so geil, die Alte« kommentiert Guido das geografische Nichtwissen seiner Sitznachbarin. Sowieso wird die Woche in Nürnberg als absolutes Highlight in die Annalen von »Shopping Queen« eingehen. Wir erinnern uns: Gleich am ersten Tag verrät Kandidatin Svenja, dass sie von einem kleinen, süßen »Shopping Queen«-Baby träumt – und natürlich von Guidos aktiver Mithilfe. Der Künstler zeigt sich amüsiert und geschmeichelt zugleich. Diese Episode ermuntert ihn schließlich zu der Idee, eine Samenspende abzugeben, die anschließend verlost wird. Da sitzt er also auf seinem Hocker, der Guido, und fantasiert vor sich hin, fragt sich, ob er nicht irgendwann Familienminister werden solle, weil die Hälfte aller Kinder in der Population ja seine wären. »Ein ganzes Land voll mit mir«, stellt er erfreut fest. Er malt sich aus, wie von den Geburten seiner Kinder in der Tagesschau berichtet wird: »Heute wurde das 210. Kind von Guido geboren« und »Die 98.000 Maria hat gerade das Licht der Welt erblickt.«[4] Schließlich kommt er aber zu dem Schluss, dass er ein paar tausend Kinder nur von sich seinen Eltern dann doch nicht zumuten will. Auch weil er befürchtet, nicht jedes Samenkind könnte wie ein »10-Punkte-Kind« aussehen. »Das wäre dann nicht so toll«, resümiert er. Ein Kind von ihm gibt's also nicht, ein Kleid dagegen schon eher.

»Shopping Queen« ist viel mehr als eine simple Stylingshow. Wer bei dieser Sendung mitmacht, hat danach deutlich weniger Geheimnisse. Das fängt schon bei der Wohnungsbesichtigung an. Manchmal wird Guido auf der Straße von fremden Menschen angesprochen, die Sätze sagen wie: »Wir machen noch schnell das Bad fertig, dann komme ich zu Ihnen in die Sendung.«[5] Guido wünscht ihnen kurz »toi, toi, toi« und hofft inständig, dass sie den Plan der Wohnungsverschönerung auch in die Tat umsetzen. Renovieren ist wahrlich nicht immer die schlechteste Lösung. Wie manche Leute so wohnen, das geht für Guido gar nicht. Da sei es doch kein Wunder, dass die Kinder schlecht drauf sind, beanstandet er. Einmal hat er eine Kandidatin in der Sendung, die wohnt in der Tat so, wie sie sich kleidet. Völlig am Thema vorbei, aber offenbar wahnsinnig glücklich mit dem Ergebnis. Diese Kandidatin will ihre Siebzigerjahreküche in eine offene Küche verwandeln und reißt kurzerhand die Wand zum Wohnzimmer heraus. Was Guido dann sieht, vergisst er nicht: halb Parkett, halb Fliesen, halbe Möbel. Er teilt ihr mit, dass ihr Look aussähe wie ihre Bude und dass sie doch nicht einfach eine Wand aus der Wohnung reißen könne. Er bittet sie sogar, wenn sie gewinnen sollte, von dem Geld wieder eine Wand einzusetzen. Aber die Dame meint nur: »Herr Kretschmer, das ist modern!« Da ist selbst ein Guido sprachlos.

Wie gut, dass es noch Thorsten Schorn gibt. Das ist der Mann, der bei »Shopping Queen« als Stimme aus dem Off erscheint und dann einschreitet, wenn Guido tatsächlich einmal die Worte fehlen. Bereits seit über 15 Jahren ist Thorsten Schorn als Moderator tätig – seit 2002 bei dem Radiosender 1LIVE. In seiner Schorn-Show interviewt er Stars wie Katy Perry, Die Fantastischen Vier oder Depeche Mode. Auch im TV-Geschäft ist er kein Unbekannter. Bei »Deutschland sucht den Superstar« ist er ebenfalls als Stimme im Hintergrund zu hören, bei »Zimmer frei!« und »stern TV« ist er als Außenreporter tätig. Bei »Shopping Queen« plaudert er sich mit seinen mal kritischen, mal wohlwollenden, aber immer auf sympathische Weise vermittelten Kommentaren in die Herzen unzähliger Zuschauer. Dass jeden Nachmittag durchschnittlich 650.000 Zuschauer die Sendung sehen, ist sicher auch sein Verdienst.

Dass »Shopping Queen« überhaupt so ein Quotenhit wird, daran glaubt im Vorfeld keiner. Guido am allerwenigsten, wie er verrät. Er ist schließlich niemand, der nur erfolgsorientiert handelt. Guido lebt im Hier und Jetzt, tut Dinge, von denen er glaubt, dass sie einen Sinn ergeben. Als er nach seinem ersten Dreh von »Shopping Queen« abends im Bett liegt, hat er dieses Gefühl im Bauch, dass dieses Konzept tatsächlich ankommen könnte. Umso mehr ist es für ihn ein großes Vergnügen, als er nach der Quote schaut und merkt: »Oh Gott, das geht wirklich – es funktioniert!« Auch an seinen ersten Livewalk kann sich der Designer noch ganz genau erinnern. Er kommt heraus und spürt sofort so eine wohlige Wärme um ihn herum, so ein leicht familiäres Gefühl. In diesem Moment wird ihm klar, dass er sich wohlfühlt mit dem, was er hier tut – wie froh er ist, dieses Programm zu machen. Auch dass es Kandidatinnen gibt, die ihn zu Tränen rühren. Er berichtet, dass er nach den Dreharbeiten manchmal zu Hause noch mehrere Stunden lang über die Sendung nachdenkt – darüber, wie sehr sich die Kandidatinnen freuen, wenn sie gewinnen, und über den Mut, den sie aufbringen. So manche Geschichte lässt ihn einfach nicht los. »Mensch, die klebt jetzt aber an mir wie Pattex«, so formuliert es Guido.

Der Designer ist vor allem seinem Sender VOX dankbar, da ihm nicht vorgeschrieben wird, was er sagen soll. Es gibt zig Formate, die ein Drehbuch haben oder vor der Ausstrahlung so zensiert werden, dass der eigentliche Kern der Sendung völlig verloren geht. Nicht so bei »Shopping Queen«. Hier kann Guido reden, wie ihm sein Schnabel gewachsen ist. Dadurch kann er immer darauf achten, dass seine Kandidatinnen Spaß an der Sendung haben und nicht nur Mode zeigen, sondern auch ihr Leben. Und er kann sicherstellen, dass mit den Menschen, die sich im Fernsehen präsentieren, respektvoll umgegangen wird. »Ich glaube, dass es Respekt braucht, wenn Menschen sagen: ›Hallo, ich renne jetzt mal los und zeige mich im Fernsehen‹«[6], sagt Guido. Seine durchschnittliche Kandidatin ist übrigens 35 Jahre alt und 1,68 Meter groß. Sie hat Kleidergröße 38, ein monatliches Shoppingbudget von 275 Euro und eine 98 Quadratmeter große Wohnung. Der geringste Betrag, den eine Kandidatin in einer Sendung ausgibt, sind 167,60 Euro. In der Essener Runde mit dem Motto »Schicht für Schicht ein Gedicht! Kleide dich im Lagenlook« gewinnt jede der fünf Teilnehmerinnen mit jeweils 34 Punkten. Die Top 5 der Städte sind Hamburg, Berlin, Köln, Düsseldorf und München. Das bisher beste Ergebnis bekommt Ute aus Frankfurt mit 49 Punkten, dicht gefolgt von Rosemarie aus Bonn mit 47 Punkten. Sogar zwei Heiratsanträge gibt es in der Sendung. Und beide Male sagen die Frauen »Ja!«. Also ja zu ihren Männern, nicht zu Guido. Obwohl die Frage erlaubt sein darf, für wen sich die Frauen wohl entscheiden würden, wenn er mit zur Auswahl stünde.

Für Guido ist »Shopping Queen« mehr als bloße Unterhaltung. Er betrachtet die Sendung auch als Chance, Mode einmal anders zu erklären. Er möchte ja nicht, dass es heißt, er würde als erfolgreicher Designer irgendwann den Kontakt zu den Menschen verlieren. Vor allem weil Guido sich als größter Fan der deutschen Frauen outet. Seiner Meinung nach haben die deutschen Damen absolut Geschmack, sind modemäßig auf einem ziemlich guten Weg. Man muss nicht nach Paris oder Mailand marschieren, »hier gibt es genügend tolle Frauen«, sagt Guido. Auch wenn sie vielleicht eine unglückliche Figur hat, kann seiner Meinung nach jede Kandidatin mit ein bisschen Beobachtungsgabe und Sinn für Stil viel aus dem eigenen Typ machen – »und vielleicht sogar ›Shopping Queen‹ der Herzen werden«, so lautet sein Credo. Genau das ist es, was dieses Format für ihn so einzigartig macht.

Wegen des großen Erfolgs wird im April 2012 der Ableger »Promi Shopping Queen« eingeführt. Die Sendung mit prominenten Kandidaten wird in unregelmäßigen Abständen im Wechsel mit »Das perfekte Promi-Dinner« und »Grill den Henssler« im Sonntagabendprogramm gezeigt. Das Konzept gleicht der regulären Version, jedoch nehmen vier statt fünf Personen teil. Das Preisgeld wird wohltätigen Organisationen gespendet. Das Motto der ersten Sendung in Berlin heißt »Style dich für ein Date mit George Clooney«. Mit dabei sind Gerit Kling, Natascha Ochsenknecht, Fiona Erdmann und Fernanda Brandão, wobei sich Gerit Kling und Natascha Ochsenknecht mit jeweils 34 Punkten das erste Promi-Krönchen teilen müssen. »Dschungelkönig« Peer Kusmagk ist am 8. Dezember 2013 übrigens der erste Mann, der sich bei »Promi Shopping Queen« das königliche Zepter sichert und zeigt, dass Mann auch Mode kann. Immerhin setzt er sich beim Thema »Kuschelabend vor dem Kamin« gegen drei Frauen durch. »Die Hose ist toll in Kombination mit der Unterhose«, erläutert der Designer seine Wahl. Gemeinsam mit Fliege, Hut, Sekt und Gläsern wirkt das Outfit seiner Ansicht nach »lässig« und nach »Verführung«.

Die Berliner Folge mit Peer Kusmaqk bietet noch eine zweite Sensation: Da der Schauspieler zu seinem Outfit noch die passende Flasche Champagner besorgen will, geht er ins Kaufhaus Lafayette. Als er in Gedanken, ganz mit weiteren Shoppingüberlegungen beschäftigt, zur Kasse geht, trifft er dort plötzlich auf Angela Merkel. Die Bundeskanzlerin steht vor ihm in der Schlange, mit dem Einkaufskorb in der Hand. »Das ist mal 'ne gute Hausfrau, die Angie. Die geht selbst noch einkaufen und kauft sich ein bisschen Senf«[7], kommentiert Guido. Der Designer mag die Angie, wie er sagt, auch weil sie es nicht immer leicht hat. Da geht sie einmal in aller Ruhe in der Spirituosenabteilung einkaufen und schon hat sie »Shopping Queen« am Hals.

Wie beliebt »Shopping Queen« geworden ist, zeigt sich auch daran, dass es jetzt sogar ein Brettspiel gibt, für bis zu fünf Mitspieler, mit rosafarbenen Shoppingautos, Ankleidekarten für das Outfit, Geldumschlägen, Fashionkarten, Bewertungschips und natürlich einer kleinen Guido-Figur. Genau wie in der Sendung müssen die Spielerinnen und Spieler die Einkaufsmeile hoch- und runterdüsen, um Outfits passend zum Motto zusammenzustellen. Wer dieses Spiel allerdings lieber real erleben will, muss sich nur bei VOX bewerben. Im aktuellen Einspieler heißt es: »Sie lieben Mode mit all ihren Facetten und Sie gehen gerne shoppen? Dann sind Sie bei uns genau richtig.«[8] Guido sucht immer wieder modebegeisterte Frauen jeden Alters, jeden Stils und jeder Kleidergröße.

Bis 2014 hat er auch noch nach Supertalenten Ausschau gehalten. Doch dieses Kapitel ist vorbei.

Bühne frei für das »Supertalent«

Wenn »Das Supertalent« im Herbst 2015 in die neunte Runde geht, ist Guido Maria Kretschmer nicht mehr dabei. Zwei Jahre sitzt er neben Dieter Bohlen, Bruce Darnell und Lena Gercke in der Jury. Zwei Jahre lang ist er das Herz der RTL-Show im Kölner Coloneum, der Liebling der Zuschauer und der Kandidaten. Denn auch hier ist Guido niemals fies. Keiner seiner Kommentare geht jemals unter die Gürtellinie oder ist so verletzend, dass bei den Kandidaten die Tränen fließen und die Zuschauer zu Hause entsetzt den Kopf schütteln, weil die Kritik alles andere als einfühlsam ist. Im Gegenteil! In einer Show, die nun einmal größtenteils von Fremdscham und Voyeurismus lebt – und genau damit Erfolg hat –, ist Guido so etwas wie ein sanfter Schutzengel. Einer, der es ehrlich mit den Teilnehmern meint. Egal, wie talent- oder schmerzfrei sie sein mögen. Diese Nettigkeit in die Show hineinzubringen ist Guido ein Bedürfnis: »Das war mein Anliegen, als ich beim ›Supertalent‹ angefangen habe. Ich möchte Menschen nicht vorführen, selbst wenn sie noch so schräg sind. Wir stellen die Kandidaten in den Fokus. Ich will, dass sie eine gute Chance haben.«[9] Genau darum geht es ihm. Dass jeder, der davon träumt, einmal im Leben ein Star zu sein, diese eine Chance eben auch bekommt. Was Andy Warhol schon in den Sechzigern prophezeit, scheint im Zeitalter der Castingshows tatsächlich wahr zu werden: »In Zukunft kann jeder Mensch für 15 Minuten Berühmtheit erlangen!«

Für den Modedesigner hat jeder Mensch das Recht, in einer solchen Show dabei zu sein. Er selbst hätte als Neunjähriger liebend gerne auf so einer riesigen Bühne gestanden, wenn er damals eine Nähmaschine gehabt hätte, die Feuer spucken kann. Und das Publikum hätte seine wahre Freude an dem kleinen Guido gehabt. Wir können es uns bildhaft vorstellen, wie er sich als Knirps grinsend vor die Jury stellt, natürlich schick im schwarzen Anzug und mit hochglanzpolierten Lackschuhen, und allein schon deshalb von jedem ein »Ja« bekommt, weil er sie alle in Grund und Boden redet. Guido wäre garantiert das erste Supertalent geworden, das sich den Sieg erquasselt hätte. Mit Sicherheit! Vom Prinzip der Show ist er von Anfang an vollkommen überzeugt. »Jeder darf mal ›Hier bin ich‹ schreien«, findet Guido. Und egal, wer schreit, Guido hört zu.

Diese Herzlichkeit färbt ab. Davon ist Guido überzeugt. Sogar Dieter Bohlen, der sonst so strenge Chefjuror, nimmt sich mit seiner Gehässigkeit etwas zurück und wird tatsächlich netter. Man könne fast behaupten, »dass sich durch meinen Einfluss die Show entschleunigt«, betont Guido nicht ohne Stolz. Die vier Juroren freunden sich auch privat an. Der Designer vergleicht die Jury sogar mit einer Familie: »Dieter ist der Papa, der manchmal etwas extrem ist. Bruce ist die Mutti, Lena das hübsche Töchterchen und ich bin das eigenwillige Söhnchen, das sagt, was es will.«[10]. Und dieser schrecklich netten Familie schauen Millionen Menschen zu. »Das Supertalent« glänzt mit Rekordquoten. Dank Guido. Aber auch dank des Juryoberhaupts Dieter Bohlen.

Dieter Bohlen – der Poptitan, der Vater aller Castingshows, der sich mit »Das Supertalent« und vor allem mit »Deutschland sucht den Superstar« selbst ein TV-Denkmal setzt. Der zeitweise sogar mehr Zuschauer vor den Bildschirm lockt, als »Wetten, dass..?« es jemals getan hat. Der nicht nur mit seinem losen Mundwerk glänzt, sondern – um es mal textil zu formulieren – auch die Frauen wechselt wie andere ihre Unterwäsche. Inzwischen ist er sechsfacher Vater. Und damit soll noch lange nicht Schluss sein, schließlich betont er immer wieder, dass er eine komplette Fußballmannschaft will. Aber der Reihe nach: Am 7. Februar 1954 wird Dieter Bohlen im niedersächsischen Berne geboren. Nach dem Abitur studiert er auf Wunsch seiner Eltern Hans und Edith an der Georg-August-Universität in Göttingen Betriebswirtschaftslehre, schließt das Studium 1978 als Diplom-Kaufmann ab. Ein Käpselchen ist er schon immer, der Dieter. Auch im Geld-Zusammenhalten ist er von jeher ein Ass. Doch die Popmusik ist von Anfang an seine wahre Leidenschaft. Bereits während seiner Schulzeit komponiert er seine ersten Songs. 1983 nimmt Dieter erstmals an der Vorentscheidung zum damaligen Grand Prix Eurovision de la Chanson teil. Schlagerstar Bernd Clüver singt den von Bohlen komponierten Titel »Mit 17« und belegt damit in der Vorausscheidung sensationell den dritten Platz. Doch erst mit der 1984 gegründeten Band »Modern Talking« wird aus Dieter, dem bis dahin noch namenlosen Musiker, Dieter, der Titan. Allein zwischen 1985 und 1986 gelingen ihm fünf (!) Nummer-eins-Hits. Der Rest ist bekannt.

Wie auch seine Frauengeschichten. Dass Erfolg und Macht sexy machen, das beweisen die vielen jungen Damen an Dieters Seite, die kommen und meist auch wieder gehen. 1983 heiratet Dieter seine langjährige Freundin Erika Sauerland. Die beiden haben drei gemeinsame Kinder: Marc, Marvin und Marielin. Nach der Scheidung 1989 tritt Nadja Abd el Farrag in sein Leben. Ja, die Naddel. Es ist ein stürmisches Hin und Her mit den beiden – um mit Dieters Penisbruch nur ein schmerzhaftes Detail aus der Beziehung zu erwähnen. Autsch! Nach der Ehe führen die beiden einen bitterbösen Rosenkrieg. Und dann, ja, dann kommt Verona Pooth. Damals heißt sie noch Feldbusch und moderiert ein wenig ungelenk und mit leichter Dativschwäche die Erotikshow »Peep!«. Genau vier Wochen sind die beiden verheiratet, bis ein angeblich handgreiflicher Streit mit einer scharfkantigen Schüssel die Sache beendet. Nach der Scheidung im Mai 1997 nimmt Naddel erneut im Liebeskarussell Platz. Diesmal bleibt Dieters bestes Stück ganz, die Liebe hält trotzdem nicht. Auch die Beziehung zu Estefania Küster ist nicht von langer Dauer: Dieter und das in Paraguay geborene Model sind nur von 2001 bis 2006 ein Paar. Nach dem Aus verklagt Estefania den Poptitan, um mehr Unterhalt für den gemeinsamen Sohn Maurice Cassian zu bekommen – und sie gewinnt.

Last, but not least: Carina Walz! Wie schon bei ihren Vorgängerinnen bleibt Dieter seinem Beuteschema treu: jung, schlank, dunkler Teint, lange schwarze Haare, attraktiv. Auch wenn ziemlich genau 30 Jahre die beiden trennen, scheint Dieter bei ihr endlich angekommen zu sein. Seit 2006 führen die beiden in ihrer Villa in Tötensen südlich von Hamburg eine Bilderbuchbeziehung. »Die 99 Prozent an Energie, die ich früher in meine Frauen gesteckt habe, in Streitereien – die habe ich jetzt für andere Sachen zur Verfügung. Weil Carina und ich nie streiten. Wir sind mal unterschiedlicher Meinung. Aber das ist nicht mehr wie früher, wo gleich Spaghetti durch die Küche fliegen«[11], bekundet der Poptitan selbst. Und wo bei Dieter die Liebe ist, da sind Babys bekanntermaßen nicht weit. Auch mit Carina hat er zwei Kinder: Amelie, die 2011 geboren wird, und Maximilian, der im September 2013 das Licht der Welt erblickt. Dass er mal eine so große Familie haben würde, überrascht Dieter selbst. »Das hätte ich niemals gedacht vor dreißig Jahren«, sagt er, der Familienmensch.

Genau diese bedingungslose Familienliebe ist die gemeinsame Schnittstelle zwischen Dieter Bohlen und Guido Maria Kretschmer. Obwohl der Designer verrät, dass es anfangs, als er sich neben den Chef an das Jurypult setzt, ziemliche Anlaufschwierigkeiten gibt. Heute verstehen sich die beiden Männer prima. »Es hat schon einen Moment gebraucht, sich auf ihn einzulassen, aber er sich auch auf mich«[12], gesteht Guido. Dann stellen die beiden aber fest, dass sie doch mehr gemeinsam haben als ursprünglich angenommen. Beide sind sie Macher, also Menschen, die mittendrin stehen im (Berufs-)

Leben, statt nur von außen zuzusehen. Beide sind sie aber auch »Hausmenschen«, wie Guido es nennt. Sehr familienaffin. Und sie schwärmen beide für Mallorca – klar, dass diese Leidenschaft verbindet. Also nähern sie sich einander an, die zwei Alphamännchen. Inzwischen schreiben sie sich regelmäßig SMS, beglückwünschen sich zu Weihnachten und zum Geburtstag. Oder man trifft sich eben auf der gemeinsamen Lieblingsinsel im sonnigen Mittelmeer, zum Brunch oder auf ein Gläschen Champagner. Immer dann, wenn die beiden Workaholics sich tatsächlich einmal gleichzeitig eine Auszeit nehmen.

Dieter lebt nach dem D.I.E.T.E.R.-Prinzip, wie er es selbst einmal beschreibt. Das D steht für Disziplin, I für Intuition und Intelligenz, E für Ehrgeiz, T für Taten – »die meisten labern ja nur rum und machen nichts«, stichelt der Musikmillionär. Das zweite E steht für »die Extrameile laufen« im Sinne von ein bisschen mehr machen als die anderen. Und R für eine gewisse Rücksichtslosigkeit gegen sich selbst. »Ich bin nicht der nette Onkel und will es auch nicht sein«[13], betont er immer wieder. Bei dem Guido-Maria-Kretschmer-Prinzip, also G.M.K.-Prinzip, steht das G dagegen für Gentleman, kommt man nach Guidos Meinung doch auch höflich und galant ans Ziel. M symbolisiert das Mitgefühl, kein anderer hat schließlich ein größeres Herz. Und K steht für Können – und für Gönnen-Können. Guido kann das.

Bruce Darnell auch. Ja, der liebe, sensible Bruce. Sein Erfolg im deutschen Fernsehen, der 2006 an der Seite von Heidi Klum mit »Germany's Next Topmodel« beginnt, beruht vor allem auf zwei Faktoren: Er weint meist noch mehr als die Kandidaten (»Drama, Baby, Drama«) und konstruiert Worte und Sätze, die – auf T-Shirts, Tassen und Tapeten gedruckt – inzwischen regelrechten Kultstatus haben. Unvergessen sind Sprüche wie »Das ist der Wahrheit«

oder »Die Tasche muss lebendig sein.« Okay, für Textilien, die eine Seele haben, ist Guido der Fachmann. Deshalb versteht er vermutlich wirklich, was in Bruce vorgeht, auch dass ihn die Gefühle bei der einen oder anderen Darbietung einfach überkommen. »Ich bin schon ein sehr emotionaler Mensch. Ich würde jetzt aber nicht losweinen«[14], charakterisiert Guido den Unterschied zu Bruce. Er selbst habe zum Glück genügend Worte im Kopf, dass er auch mit seiner Sprache ausdrücken könne, wenn ihn etwas sehr berührt hat. Über seinen Mitjuror Bruce Darnell sagt er liebevoll: »Bruce weint sowieso viel schöner als ich!« Da mag er recht haben. Denn Bruce Darnell zeigt bereits in früheren Staffeln der Erfolgsshow oft, wie nah er am Wasser gebaut ist.

Den gebürtigen US-Amerikaner als Heulsuse zu bezeichnen wäre allerdings nicht fair. Schließlich kämpft Bruce schon sein ganzes Leben lang mit Depressionen. Einmal will er sich umbringen, rast mit seinem Cabrio mit Tempo 200 absichtlich in eine Baustelle. Wie durch ein Wunder überlebt er. Die Kopfwunde verheilt, die Dämonen in der Seele aber bleiben. Es dauert lange, bis er sich eingesteht, Hilfe zu brauchen. Die Psychotherapie dauert fast ein Jahr. »Ich habe viel geredet und viel geweint«, erzählt Bruce. Damals beginnt er, Tagebuch zu schreiben. Um aufzuarbeiten, was ihn belastet. In erster Linie die Traumata seiner Kindheit.

Bruce wird am 19. Juli 1957 in New York City geboren. Er wächst in Colorado bei seiner Mutter, seinem Stiefvater und mit neun Halbgeschwistern auf. In einer Fernsehsendung erinnert sich der TV-Star: »Meine Mutter hat mich gehasst, meinen leiblichen Vater habe ich nie kennengelernt.«[15] Er wird ohne Liebe und Geborgenheit groß. Happy ist er nie, nicht ein einziges Mal während seiner ganzen Kindheit: »Meine Familie sagte zu mir: ›Du bist wertlos, du bist gar nichts, es wird nie etwas aus dir werden.‹ Das ist das Allerschlimmste, was einem passieren kann.«[16] Mit 19 Jahren geht Bruce endlich von zu Hause weg, weil er so nicht mehr leben kann. Und will! Nach der Schule verpflichtet er sich bei der US Army und dient dort sechs Jahre lang als Fallschirmjäger bei der 82. US-Luftlandedivision in Fort Bragg, North Carolina. Er erhält von der Army ein Stipendium, studiert Soziologie. Nachdem er das Militär verlassen hat, geht Bruce nach Deutschland. Als Bruce noch ein Kind war, war sein Stiefvater als Berufssoldat in Augsburg stationiert. In jener Zeit, so erzählt Bruce, sei ihm Deutschland ans Herz gewachsen. Und hier will er nun all das Leid der Vergangenheit vergessen. Er jobbt zunächst in München als Kellner in diversen Diskotheken. Natürlich stets mit perfekter Haltung und wohl der einen oder anderen herzlichen Umarmung für so manchen Gast. Hier passiert es dann auch, dass er von einem Agenten angesprochen und zu einem Modelcasting eingeladen wird.

1983 beginnt das zweite Leben des Bruce Darnell. Er wird erst Model, dann Modelcoach und schließlich eine TV-Legende. 2008 holt ihn Dieter Bohlen erstmals für zwei Jahre bei »Das Supertalent« in die Jury. 2013 kehrt Bruce samt seiner Tränen in die Show zurück.

Da ist er also, der neue alte Juror, der sich genau wie Guido auf die Kandidaten einlässt und jedem eine faire Chance gibt. Wenn etwas schlecht ist, muss man das sagen. Das weiß auch Bruce. Er wird trotzdem niemals den Respekt vor den Menschen, die ihm gegenüberstehen, verlieren. »Ich denke, dass ich jemand sein kann, der Menschen auffangen und Mut machen kann. Ich weiß, wie wichtig das ist«[17], so sieht er es selbst. Seiner Meinung nach sagt eine katastrophale künstlerische Leistung nichts über den Charakter der jeweiligen Person aus. Sich selbst bescheinigt er ein Gesangstalent, das gerade »für die Dusche« reicht. Deshalb sieht er seine Aufgabe eher darin, die Showqualitäten der Kandidaten zu beurteilen.

Im Fernsehen gibt es zwei Möglichkeiten: Entweder spielt man eine Rolle oder man zeigt sein wahres Ich. Bruce beschließt, sich selbst zu zeigen, und zwar so sensibel, wie er nun einmal ist. Auch wenn viele genau das nicht verstehen und oftmals völlig verstört fragen: »Warum weint der ständig?« Bereits bei »Germany's Next Topmodel« will der Modelcoach jungen Menschen helfen, weil ihn die Situation an seine eigene Kindheit erinnert, in der er versucht, an sich zu glauben und an sich zu arbeiten – damit er ja in die Gesellschaft passt. Für Bruce ist es darum wie ein großer »Outbreak«, ein Aus- und Aufbruch, sich emotional zeigen zu dürfen: »Aber das ist manchmal auch sehr schwer, weil ich dann schwach oder ängstlich oder weiblich wirke.«[18]

Die Vierte im Bunde ist Lena Gercke. »Ach, wir sind sehr, sehr eng«, sagt Guido über sie. Viele erinnern sich vielleicht noch an den Moment, als die schöne Blondine 2006 erfährt, dass sie das allererste »Germany's Next Topmodel« ist. Fassungslos hält sich Lena beide Hände vors Gesicht. Sie weint und weint. Tränen des Glücks. Eine Freundin habe sie zu der Show angemeldet, erzählt sie. Nie habe sie damit gerechnet, dass es der Beginn einer Wahnsinnskarriere sein würde. Einer Karriere, wie sie danach keiner anderen Gewinnerin von »Germany's Next Topmodel« mehr gelingt.

Am 29. Februar 1988 wird sie in Marburg geboren. Sie wird mit einer Schwester sowie zwei Halbschwestern in Cloppenburg groß. Dort schließt sie auch ihr Abitur ab, obwohl – und das macht ihre Disziplin wirklich lobenswert – sie sich bereits ein Jahr zuvor mit dem Sieg in Heidis Castingshow einen lukrativen Modelvertrag angelt. Dass das Showtalent in der Familie liegt, beweist 2012 auch Lenas Halbschwester Yana Gercke, die sich in der Castingshow »Unser Star für Baku«, der deutschen Vorentscheidung für den Eurovision Song Contest, eindrucksvoll auf den dritten Platz singt. Von 2009 bis 2012 moderiert Lena erstmals die österreichische Version der Modelshow, die sie gewann, nämlich »Austria's Next Topmodel«. Danach bezaubert sie als Moderatorin für das ProSieben-Magazin »red!« vor der Kamera und zwischen 2013 und 2014 eben auch in der Jury von »Das Supertalent« – direkt neben Guido.

Und Lena weiß, wovon sie als Jurorin spricht. Sie ist längst ein gefragtes Model, pendelt zwischen Köln, Madrid und New York hin und her. Das Image der Spielerfrau – seit 2011 sind sie und Fußballweltmeister Sami Khedira das Traumpaar im Showbusiness – ist ihr dagegen immer unangenehm: »Das war ja nicht mein Spielfeld.« Nach der Fußball-WM lanciert sie darum mit »atamba« ihr eigenes Onlinefitnessprogramm mit Bewegungs- und Ernährungsplan, statt bei ihrem verletzten Verlobten in Madrid zu bleiben. »Mein Baby«, nennt sie dieses Projekt augenzwinkernd, wohl wissend, dass ihr die Boulevardzeitungen schon unzählige Male eine Schwangerschaft angedichtet haben. Außerdem ist sie Botschafterin für die Kindernothilfe, denn obwohl ihr Sami als Fußballer mehrere Millionen Euro im Jahr verdient und sie selbst inzwischen ein prall gefülltes Konto aufweisen kann, vergisst Lena nie, woher sie kommt: aus ganz normalen Verhältnissen. »Ich wurde so erzogen, mein Geld gut anzulegen und nicht so viel auszugeben. Ich bin schon behutsam mit Geld aufgewachsen«[19], erzählt sie. Sie weiß penibel über ihre Vermögensverhältnisse Bescheid: »Ich glaube, es ist immer gut, wenn man in solchen Sachen selbst 'nen Blick drauf wirft und sich nicht zu sehr auf andere verlässt.«[20] Neben ihrem atemberaubenden Aussehen hat Lena eben auch ein helles Köpfchen und echten Geschäftssinn.

In der Jury der RTL-Show ist sie trotzdem in erster Linie für die Optik zuständig. Jede Show braucht nun einmal einen Hingucker. Es ist diese Mischung aus Sex-Appeal und Lässigkeit, die ihr bereits bei der Fußball-WM in Brasilien den Titel der »Stylekönigin« einbringt und die auch Guido so sehr an seiner Lena schätzt. Der Fashionexperte ist ganz angetan von den unterschiedlichen Looks des blonden Models. »Ich finde, du bist nie verkleidet. Das ist immer noch Lena. Das ist immer noch lässig und das ist nie so Tussi«[21], lobt er seine Mitjurorin. Jedem, der ein so großer Fan von Frauen ist wie der Designer, gilt Lena Gercke als Inbegriff der perfekten Frau. Eine mit der beneidenswerten X-Figur. 1,78 Meter groß, ausgestattet mit den Maßen 90/62/89. Was will man(n) mehr?! Wenn Ladys wie Lena die Fußgängerzone entlangstolzieren, hat das Leben ihnen einen nicht enden wollenden Laufsteg geschenkt. Und all die bewundernden Blicke von Männlein und Weiblein (obwohl Letztere das niemals öffentlich zugeben werden) sind stiller Applaus.

Beim »Supertalent« sorgen die Darbietungen für tosenden Applaus und selbst Stars wie Guido werden zu glühenden Fans. Der Designer erlebt einen solchen Moment schon vor seiner ersten Liveshow 2013. Er trifft den Gewinner von 2008, den Straßenmusiker Michael Hirte, der mit seiner Mundharmonika sogar Dieter zu Tränen rührt. »Er ist der Grund, warum ich überhaupt hier bin«, sagt Guido über ihn. »Michael Hirte kann die ganze Nation bewegen mit einer Mundharmonika und macht alles platt.«[22]

Genauso begeistert zeigt sich Guido zuletzt über den Sieg von Travestiekünstler Marcel Kaupp 2014. Mit 24,41 Prozent setzt sich der gelernte Friseur aus Köln gegen alle anderen Talente durch – »völlig verdient«, findet Guido. Dass Marcel gewinnt, hat für ihn weitreichende Bedeutung: »Ich bin stolz auf Deutschland«, betont er, »ein super Zeichen.« Wir erinnern uns: Die Verwandlung von Marcella Rockafella zu Marcel Kaupp, begleitet vom Whitney-Houston-Hit »One Moment In Time«, überzeugt nicht nur das Publikum. Guido lobt den jungen Mann nach seinem Auftritt in den höchsten Tönen: »Du bist eine Ausnahmeerscheinung!«

2014 ist das Finale von »Das Supertalent« nicht das einzige ergreifende Erlebnis für Guido Maria Kretschmer. Er lernt auch Fabian kennen. Mit der Aktion »Wünsch dir was« hat der Junge ein Backstage-Treffen mit dem Modedesigner gewonnen. Der sympathische Schüler leidet an Krebs, sieht sich während seiner vielen und langen Krankenhausaufenthalte häufig »Shopping Queen« an und entscheidet sich: »Ach komm, das willst du auch mal machen.« Und Guido wäre nicht Guido, würde er es bei einem einmaligen Treffen belassen. Fabian darf bei ihm ein Praktikum machen und ihm bei der Arbeit über die Schulter schauen. Und gearbeitet wird viel. Denn eine neue Show kündigt sich an.

Hotter than my daughter

Auch bei seiner zweiten (Um-)Stylingshow geht Guido gekonnt den Damen an die Wäsche. »Hotter Than My Daughter« (zu Deutsch: »Heißer als meine Tochter«) ist so etwas wie die modische Neuauflage des Hans-Christian-Andersen-Märchens vom hässlichen Entlein. Allerdings entpuppen sich hier die kleinen Vögel als Mütter, die sich wahllos am Kleiderschrank ihrer Teenietöchter bedienen und die von Guido – mit liebevoller, aber strenger Hand – vom gerupften Huhn in einen schönen Schwan verwandelt werden. »Wo rohe Kräfte sinnlos walten, da kann kein Knopf die Bluse halten«[23], bringt Guido es auf den Punkt. Bei »Hotter Than My Daughter« geht es also um Mütter, die von sich behaupten, viel attraktiver auszusehen als ihre eigenen Töchter. Oha! In der Sendungsbeschreibung von RTL heißt es weiter: »Sie tragen Miniröcke, bauchfreie Tops und sehr viel Make-up, kommen in 15-Zentimeter-Absätzen zum Schulfest und genießen es, wenn sich jüngere Männer auf der Straße nach ihnen umdrehen. Nur ihre Töchter schämen sich für ihre spärlich bekleidete Mutter, die einfach nicht in Würde altern will.«[24] Halleluja!

Und wer soll nun erste Hilfe leisten? Richtig, Modeexperte Kretschmer! Er reist zu den jeweiligen Mutter-Tochter-Paaren sogar nach Hause, um sie und ihre Vorlieben besser kennenzulernen. Kaum angekommen, beginnt die Analyse: Ist das Outfit altersgemäß oder bedarf es einer Veränderung? Sollte der Rock mit Anfang 40 nicht etwas länger sein? Ist ein alter Schlabberpulli im Alter von 17 Jahren noch angebracht oder wird es Zeit für etwas Neues? Guido fühlt dem Fashionkonflikt von Mutter und Tochter vorsichtig auf den Zahn. Niemand soll sich bei seinem Umstyling verkleidet fühlen, das ist ihm am allerwichtigsten. Sein Ziel ist es, dass die Frauen ihr neues Spiegelbild lieben und selbstbewusst in ein neues Leben starten. Für das sogenannte Make-over lädt Guido Maria Kretschmer die Damen schließlich in sein exklusives Stylingloft ein und sorgt gemeinsam mit seinem Beauty-Team, bestehend aus Hairstylist André Märtens und Make-up-Artist Astrid Jerschitz, dafür, dass der Familienfrieden zumindest in modischer Hinsicht wiederhergestellt wird.

Die erste Sendung führt Guido ins beschauliche Donau-Ries. »Ich habe das Gefühl, dass da zwei Frauen sind, die in die Sendung passen wie Arsch auf Eimer«[25], schwärmt er. Der 54-jährigen Michaela kann es nicht schrill und bunt genug sein, ihre 28-jährige Tochter Sabrina dagegen steht eher auf schlicht. Während die Mama also superkurze Hotpants und knallige Leggins trägt, gerne Bein und Busen zeigt, weil es eben sexy ist, versteckt sich ihr Spross hinter einer grauen Fassade. Guido sagt über die unscheinbare Tochter: »Sabrina ist ein kleines Aschenputtel, aber da ist auch ganz viel Prinzessin drin. Und die gilt es modisch herauszulocken.«[26] Der Designer sieht in den unterschiedlichen modischen Vorlieben von Mutter und Tochter auch ein Beziehungsproblem: »Das ist ein Konflikt, der so differenziert ist, dass man ihn textil lösen könnte.«[27] Und er glaubt fest daran, dass das gelingt. Dass die beiden vor Glück strahlen werden, wenn sie nach der Sendung die Frauen sind, die sie tatsächlich sein können.

Doch Guido wäre nicht er selbst, wenn er die Kritik an den beiden Frauen nicht wieder äußerst blumig gestalten würde. Er verurteilt die Mutter nicht für ihren Versuch, mit aller Macht jung aussehen zu wollen. Vielmehr schlägt er einen neuen Stil vor, den er gerne an ihr ausprobieren würde. Er spricht von einem Outfit, das angezogener, femininer, insgesamt erwachsener wirkt. Und er präsentiert mit Engelszunge und Engelsgeduld einen Look nach dem anderen, in dem sie sich wohlfühlen soll. Er will, dass die Frauen sich in seiner Show auf die Veränderung einlassen, sie mit Haut und Haar genießen. Mit wie viel Herzblut der Designer die Sache angeht, zeigt folgende Szene: Als ihm Kandidatin Michaela spontan um den Hals fällt und fragt, ob sie ihn mal fest drücken darf, antwortet er: »Du darfst mich drücken, küssen, alles. Mit Zunge, wenn du willst.«[28] Man stelle sich seinen überraschten Blick vor, wenn Michaela das wirklich getan hätte. Zum Schluss der Show geht es stilecht auf den Laufsteg, wo die Frauen der Familie und den Freunden ihr neues Ich präsentieren. Eine Modenschau ohne Laufsteg ist eben undenkbar. Guidos Fazit zu Michaela und Sabrina: »Da sind zwei, die sich sehr nahe sind, sich manchmal verloren haben, aber sich wiedergefunden haben.«[29]

Auf seiner weiteren modischen Reise trifft Guido unter anderem auf die 57-jährige Elke und ihre 20 Jahre jüngere Tochter Nicole. Während die Mutter als Punklady mit Pelzjacke und knallengen, pinkfarbenen Hosen durch Düren stolziert und alles an ihr an Glenn Close als Cruella De Vil in »101 Dalmatiner« erinnert, denkt man bei Nicole sofort an ein Mitglied der Kirchengemeinde. An eine ganz Nette, die sonntags Hefekuchen backt und im Chor singt. Aber nicht in der ersten Reihe, weil sie sich das nicht traut. Guido begegnet auch der 50-jährigen Nadja, die in einer Art rosa Barbietraum lebt. Sie fühlt sich jung, sie fühlt sich lebendig und so kleidet sie sich auch. Ihrer 29-jährigen Tochter Natascha ist das ein Dorn im Auge. Sie wünscht sich eine normale Mutter und ihren beiden Kindern eine normale Oma. Unvergessen bleibt ebenso Guidos Besuch bei Sigrid in Bürstadt. Je extravaganter oder aufreizender eine Klamotte ist, desto mehr blüht die 54-Jährige auf. Sie ist nicht nur die wohl auffälligste Frau auf Hessens Straßen, sondern auch in den Schwimmbädern der Region. Dort taucht sie nämlich gerne mit ihrer neonpinkfarbenen Badekappe aus dem Wasser auf – sehr zum Leidwesen ihrer Tochter Vicky. Die 23-Jährige schämt sich für das verrückte Styling ihrer Mutter und bittet Guido um Hilfe. Und ja, der Designer setzt auch diesem Textilterrorismus ein gütliches Ende.

Ein Happy End gibt es übrigens für das gesamte Format: Drei Millionen Zuschauer schalten durchschnittlich bei der Umstylingshow »Hotter Than My Daughter« ein – RTL ist mit der Sendung, die im Original aus England stammt, äußerst zufrieden. Doch ausgerechnet Guido Maria Kretschmer selbst ist mit dem Ergebnis nicht ganz so glücklich. »Wir hätten mehr Zeit und Ruhe gebraucht«, klagt der Stardesigner. Bei zwei Mutter-Tochter-Paaren pro Show kann man leider nicht so ausführlich zeigen, warum manche Frauen so aussehen, wie sie eben aussehen. Das will er ändern. Für die geplante zweite Staffel gilt: »Das Grundgerüst bleibt, aber wir werden es ein bisschen tunen.«[30] Um es, und das ist typisch Guido, eben noch ein bisschen schöner zu machen.

Deutschlands schönste Frau

Was ist Schönheit? Für Guido ist Schönheit ein Lachen. Ein Strahlen, das von innen kommt. Schönheit ist manchmal auch Mut. Schönheit ist Mitgefühl. Schönheit ist Freiheit. Und: Schönheit bedeutet auch, Lebenserfahrung und eine Geschichte zu haben. So formuliert es der Designer selbst, und genau das will er mit seiner Show transportieren: dass wahre Schönheit von innen kommt. Bei »Deutschlands schönste Frau« sucht Guido deshalb nach Ladys, die keine Modelmaße haben und gerade deswegen so wunderbar und einmalig sind. Auch wenn der Titel ein wenig irritiert und so manchen Zuschauer anfangs vermuten lässt, dass es sich bei diesem Format einmal mehr um einen Modelcontest à la Heidi Klum handelt – man wird schnell eines Besseren belehrt. Es geht nämlich gerade nicht darum, im superknappen Bikini und mit aufgesetztem, versucht lasziven Wildkatzenblick auf dem Laufsteg mit den meist nicht vorhandenen Hüften zu wackeln. Es geht nicht darum, nur mit Bodypainting bemalt, an irgendeinem Strand zu posieren und trotz der Sandkörnchen, die sich wirklich überallhin ihren Weg bahnen, verführerisch in die Kamera zu lächeln. Es geht auch nicht darum, 24 Stunden am Tag auf jedes Mikrokaloriechen zu achten, das sich eventuell doch zwischen Magerquark, Reiswaffeln und zuckerfreier Cola verirrt haben könnte. Und das anschließend mit knallhartem Workout und einem übermotivierten Personaltrainer vertrieben werden muss. »Und jetzt noch mal 100 Sit-ups! Ich will euch schwitzen sehen.« Bootcamp lässt grüßen. Nein! So nicht! Bei Guidos Show ist das körperliche Erscheinungsbild tatsächlich zweitrangig. Er liebt die Vielfalt. »Ich möchte, dass Frauen wieder spüren: ›Auch wenn die Beinchen dick sind, bin ich 'ne Tolle‹«[31], betont Guido. Das Geheimnis guten Aussehens liegt darin, souverän mit den eigenen Schwächen umzugehen. Egal, ob die Nase krumm oder der Bauch dick ist, mit einem guten Geist und einem hübschen Gang wird jede Frau attraktiv für die Außenwelt. Aber sie muss sich selbst mögen! Guido kennt viele wunderschöne Menschen, die sich leider selbst schrecklich finden.

Insgesamt treten 20 Kandidatinnen an, um den Titel »Deutschlands schönste Frau« zu gewinnen. Zehn Teilnehmerinnen sind im Alter von 18 bis 30 Jahren, die anderen sind älter als 30 Jahre. 20 Kandidatinnen und Guido, der Hahn im Korb. »Für mich ist das der Himmel auf Erden«, strahlt der Designer. Schon am ersten Tag, als er all die tollen Frauen kennenlernt, denkt er, was für ein großes Geschenk das doch ist. Er fühlt sich sicher und wohl mit Frauen. Und es gibt wenige unter ihnen, die ihn so irritieren, dass er sagen würde, jetzt hätte er Angst.

In der Show geht es, wie schon gesagt, nicht um Äußerlichkeiten. Vielmehr werden Frauen vorgestellt, die Herz, Verstand und jede Menge Persönlichkeit mitbringen. »Wir suchen Frauen, die nicht blenden, sondern verzaubern«, betont Guido Maria Kretschmer im Vorfeld der Sendung. Mit dabei ist unter anderem die 33-jährige Olga, amtierende deutsche Meisterin im Fitnessbodybuilding und Freundin von Mr Universum 2012. Ebenso die 24-jährige Vanessa, die unter einer Deformierung der Wirbelsäule leidet und in ihrer Kindheit deswegen oft gehänselt wurde. Und da ist auch die 50-jährige Barbara, Mutter von sieben Kindern, die nicht nur ihre Leukämie besiegt, sondern sich auch ein ganz besonderes Plätzchen in Guidos Herz gesichert hat. »Ich bewundere sie«, sagt der Designer. Die auffälligste Kandidatin ist wohl die 30-jährige Sam mit ihrer Glatze. Sie leidet seit ihrer Kindheit an kreisrundem Haarausfall, einer Autoimmunerkrankung, bei der sich im Lauf der Zeit kahle Stellen am Kopf bilden. Doch wer glaubt, dass Sam sich hinter einer Kunsthaarperücke versteckt, der irrt. Sie liebt ihren kahlen Kopf und steht zu ihrem

Makel, sagt: »Schön sind für mich Menschen, die anderen etwas zu geben haben.«[32]

Gewohnt wird, natürlich stilecht, in einer prunkvollen Villa – alles in edlem Weiß gehalten, mit einem riesigen Pool im Garten und jeder Menge kuscheliger Ecken zum Relaxen. Schließlich sollen sich die Frauen so fühlen wie im Paradies. Da macht es auch nichts, wenn die eine oder andere Teilnehmerin vor der Show in puncto Süßigkeiten zu viel gesündigt hat. »Oh, die hat aber ein sehr knappes Höschen an. Sieht ein bisschen aus wie so ein Rollmöpschen«[33], entfährt es Guido Maria Kretschmer. Er beschreibt damit eine Kandidatin, die im Bikini durch den Pool schwimmt. Mit langen roten Haaren und eben ein paar Pfunden zu viel auf den Hüften. Kommentare wie diese nimmt auch hier sicher kein Zuschauer übel – für spontane, unterhaltsame Kommentare, die einem auch selbst auf der Zunge liegen, wird Guido eben von seinen Fans geliebt. Und ebenso für die folgende Szene: Kurz nach dieser Äußerung umarmt Guido die Frau. Tränen der Rührung laufen ihr über die Wangen. Sie lächelt erst zaghaft, dann beginnt sie zu strahlen, als die beiden vor einem Porträt stehen, auf dem sie zu sehen ist. »Guck mal, du bist wunderschön!«, sagt Guido voller Nachdruck. Er meint das wirklich so.

Die Kandidatinnen, da sind eben alle Casting-Shows gleich, müssen Aufgaben lösen, die an ihre körperlichen und seelischen Grenzen gehen. Druck und Dramen inklusive. Für die Gruppe der Unter-30-Jährigen geht es zum Beispiel einmal per Boot zu dem berühmten Felsentor »Es Pontàs«, das majestätisch im Mittelmeer thront, direkt vor der Küste im südöstlichen Teil der Baleareninsel. Wer jemals den Film »King Lines« gesehen hat, in dem Weltklasseklettterer Chris Sharma 2006 den überhängenden Felsen wie ein muskelbepackter Gecko bezwungen hat, der weiß, wie steil dessen Wände sind. Nicht umsonst gilt diese Tour als eine der schwersten Kletterrouten der Welt. Die Aufgabe für die Kandidatinnen ist schnell erklärt: erst hochkraxeln, dann runterspringen! Im Prinzip eine Mischung aus Riesenschaukel und Bungee-Jumping. Im Fachjargon nennt sich diese Sportart: »Rope Swing«. Guido selbst ist heilfroh, dass er davon verschont bleibt. Doch die Frauen müssen sich bei dieser Herausforderung ihren Ängsten stellen. Denn schließlich klettern sie erst – natürlich am weniger steilen Ende und mithilfe von erfahrenen Bergsteigern – den Felsen hoch. Danach werden sie in einen Sicherheitsgurt gesteckt und zum Abgrund geführt, wo es heißt: Augen zu und ab in die Tiefe! Die 21-jährige Sina bricht diese Aufgabe schon vorher ab, mit zittrigen Händen und jeder Menge Tränen. Ausscheiden muss sie an diesem Tag trotzdem nicht. Denn auch das gehört laut Guido zu einer schönen Frau: dass sie den Mut hat, auch mal feige zu sein. »Ich suche kein Model, sondern eine Frau mit Stärken, die man vielleicht nicht auf den ersten Blick sieht«[34], bestätigt er selbst.

Zur gleichen Zeit geht es für die Über-30-Jährigen zum Yoga – angeleitet von keiner Geringeren als Sonja Kirchberger. Die Schauspielerin hat in den letzten 25 Jahren einen bemerkenswerten Weg zurückgelegt, von der tief dekolletierten »Venusfalle« auf den Titelseiten etlicher europäischer Magazine bis hin zur überzeugten »Yogini«. »Ich suche die Leere«, sagt sie selbst und lässt sich zur Yogalehrerin ausbilden. Nicht um zu praktizieren, sondern um ihr Wissen zu mehren. Deshalb macht sie 2008 auch eine psychotherapeutische Ausbildung. »Eine gigantische Reise«, schwärmt sie. Und von dieser Erfahrung sollen auch die Kandidatinnen »profitieren. »Wie viele Frauen funktionieren den ganzen Tag? Und alle haben sich daran gewöhnt, dass sie funktionieren«[35], erklärt Guido. In dieser Yogastunde sollen die Frauen deshalb lernen, dass sie nicht immer nur für andere da sein müssen, sondern dass es auch mal um sie selbst geht – um die eigenen Bedürfnisse, die zwischen Haushalt,

Kindererziehung und Job so oft auf der Strecke bleiben. Nicht nur bei Barbara brechen anschließend sämtliche Dämme. Sie hat sieben Kinder zwischen 27 und zehn Jahren, dazu zwei Enkel. Ob irgendwann in den letzten 30 Jahren ihre Wünsche auch einmal im Mittelpunkt standen, daran erinnert sie sich nicht mehr. »Ich kenne das gar nicht«, schluchzt sie, während Sonja Kirchberger sie tröstet.

Dieser Seelenstriptease ist nicht die einzige Offenbarung des Tages: Nach der Yogastunde soll die Ü-30-Gruppe Haut zeigen, bei einem erotischen Shooting mit dem Modefotografen Wolfgang Klein. Zu diesem Fotografen hat Guido eine ganz besondere Beziehung. Als der Jungdesigner beschließt, seine Karriere professionell anzugehen und für die erste Bewerbung ein Porträt braucht, ist es ebendieser Wolfgang Klein, der ihn in Schwarz-Weiß ablichtet. Quasi der Start(schnapp)schuss für Guidos Laufbahn. Als kleines Bonbon wird den Kandidatinnen ein halb nacktes Männermodel zur Seite gestellt. »Ein schnuckeliges Bordluder«, um mit Guidos Worten zu sprechen. Wie viel Haut die Damen zeigen möchten, bleibt ihnen selbst überlassen. Und die Art und Weise, wie die Frauen das Shooting interpretieren, könnte unterschiedlicher nicht sein. Die 65-jährige Rita zum Beispiel schlüpft in einen schicken Einteiler samt Badekappe und verwandelt sich kurzerhand in Kate Winslet. Wie in dem Film »Titanic« posiert sie mit ausgebreiteten Armen. Das Männermodel übernimmt die Rolle von Leonardo DiCaprio und die Wellen summen leise »My heart will go on«. Ach, wie schön! Genau so hat Guido sich das sicherlich vorgestellt. Olga und Ramona haben leider ganz andere Vorstellungen. Für die beiden bedeutet ein erotisches Shooting vor allem eines: sich nackig zu machen. Während Olga ihren splitterfasernackten Körper – »die Brüste waren teuer, die müssen gezeigt werden«, meint Guido dazu – in einen Hauch von Chiffon hüllt, verzichtet die Dreifachmama Ramona einfach ganz auf jeden Hauch von Bedeckung. Oben ohne und nur mit einem Miniröckchen bekleidet, räkelt sie sich in der Abendsonne Mallorcas. Von Guido erhält sie dafür großen Applaus: »Das ist ein Busen, der etwas erlebt hat!«. Die Reaktionen der anderen Teilnehmerinnen sind jedoch nicht durchweg positiv, um es vorsichtig zu formulieren. Aber bei so vielen unterschiedlichen Frauen sind Probleme und »Zickereien« natürlich vorprogrammiert. Und eingeplant. So ehrlich muss man sein.

Doch auch die schönste Show geht einmal zu Ende. Jede einzelne Folge schließt mit der »Ladys Night« ab, dem Abend der großen Entscheidung und der Frage: Wer hat weiterhin die Chance, »Deutschlands schönste Frau« zu werden, und wer muss den Wettbewerb verlassen? Die Kandidatinnen nominieren sich während der gesamten Staffel gegenseitig, nur am Schluss entscheiden die Fernsehzuschauer per Telefonvoting. Schließlich sollen die Deutschen selbst entscheiden, welche der vier Finalistinnen sie ganz oben auf dem Treppchen sehen: die 30-jährige Erna, die 46-jährige Susana, die 24-jährige Roaya oder die 33-jährige Ramona?

Das Ergebnis könnte eindeutiger nicht sein. Gigantische 82 Prozent der Anrufer wählen Ramona zu »Deutschlands schönster Frau«!

Ramona also ... für Guido ist sie eine Mischung aus Sylvie van der Vaart, heute Meis, und Michelle Hunziker. »Sie sieht so amerikanisch aus«, findet er. Und sie ist eine starke Frau mit einer bewegten Vergangenheit. Die Mutter Alkoholikerin und Analphabetin. Ihren Vater kennt sie nicht, weiß nicht einmal seinen Namen. Zuletzt sieht sie ihn, als sie elf Jahre alt ist, zufällig in einer Markthalle. Als 15-Jährige bringt Ramona ihr erstes Kind zur Welt. Oder wie Guido es ausdrückt: »Als andere Mädchen noch gucken konnten, wer sie sind, da warst du schon Mutter.«[36] Ramona bekommt noch zwei weitere Kinder, die inzwischen 14 und fünf Jahre alt sind. Drei Kinder von drei verschiedenen Männern. Die Altenpflegerin hat ein großes Ziel: »Ich möchte meinen Kindern das geben, was ich selbst nie erfahren habe. Ein sicheres Zuhause, Geborgenheit und Liebe.«[37] Über die Show sagt sie, dass sie gerne an die schöne Zeit zurückdenkt und an weniger guten Tagen daraus Kraft schöpft. Guido hat die toughe Blondine ins Herz geschlossen. Und er will ihr helfen. Mithilfe der RTL-Show »Vermisst« soll Ramona endlich ihren Vater wiedersehen. Für sie ist klar: »Ich will einfach wissen, wo ich hingehöre.«

Doch auch für eine Sendung wie »Deutschlands schönste Frau« gilt: Nach der Show ist vor der Show. Während Ramona als Botschafterin der »modernen Generation Frau« und Werbegesicht von »Triumph« auf sämtlichen Plakaten ihr Siegerlächeln zeigt, spricht Guido bereits von einer neuen Staffel. Deutschland soll bald wieder wählen.

Guido selbst erobert derweil die Welt.

Amerika, hier kommt Guido!

Welches Land ist für einen Mann mit unbegrenzten Ideen besser geeignet als das Land der unbegrenzten Möglichkeiten? Schon seit Jahren spielt Guido mit dem Gedanken, sich seinen ganz persönlichen amerikanischen Traum zu erfüllen. Und dass er diesem Ziel inzwischen ein ganzes Stückchen näher gekommen ist, verdankt er natürlich seinem Können, aber auch einer gehörigen Portion Zufall. In diesem Fall dreht eine gewisse Valerie Campbell das Schicksalsrädchen.

Valerie wer? Die jamaikanische Balletttänzerin ist nicht nur ein Fan von Guidos großartiger Mode, sie ist auch die Mutter von Supermodel Naomi Campbell. Eines schönen Tages trägt Valerie wieder einmal eine ihrer Kretschmer-Roben spazieren, als Töchterchen Naomi ebendieses Kleid an ihr entdeckt – und völlig begeistert ist. Man muss erwähnen, dass Naomi zu jener Zeit für die Modelshow »The Face« (zu Deutsch: »Das Gesicht«) nicht nur die schönste Frau sucht, sondern auch einen Mann, der die hübschen Frauen anzieht. Den perfekten Designer für die perfekte Show. Als das Supermodel von Guido Maria Kretschmer erfährt, sagt sie nur fünf Worte: »I wanna have this guy!« Ich will ihn, genau ihn, und keinen anderen.

Naomi gehört zu den Frauen, die bekommen, was sie wollen. Also macht sich Guido auf den Weg zu ihr nach New York. In den USA hat sein Name übrigens einen ganz bestimmten Beiklang. Als italienischer und deutscher Name stammt »Guido« von dem germanischen »Withold« ab, was übersetzt so viel bedeutet wie »Mann aus dem Wald« (das althochdeutsche »wit« bedeutet »Wald« und »hold« in etwa »der Mann«). Im Amerikanischen dagegen existiert ein ganz bestimmter Stereotyp namens »Guido«. Ein »Guido« ist ein italienischstämmiger Amerikaner der Arbeiterklasse, der übertrieben viel Wert auf sein Äußeres legt. Er geht regelmäßig ins Fitnessstudio und ins Solarium, trägt enge Hosen, Muskelshirts und gegeltes Haar, dazu viel Schmuck und eine Lederjacke. Das mit der Lederjacke und den engen Hosen kommt bei Guido hin. Doch der Designer hat noch mehr im Gepäck, als er in den Flieger steigt, nämlich seinen Optimismus und die gesamte Kollektion für Naomis Show. Wie beliebt und erfolgreich »The Face« in den USA ist, weiß er zu diesem Zeitpunkt noch nicht.

In »The Face« bilden die drei Modelcoaches – Naomi Campbell, Coco Rocha und Karolina Kurkova – aus den insgesamt zwölf Teilnehmerinnen Teams und versuchen, ein Mitglied ihrer Mannschaft zum Sieg zu führen. Über verschiedene Challenges und Fotoshootings führt der Weg schließlich ins Finale, bei dem die Siegerin das neue Gesicht einer aufstrebenden Beauty-Marke wird. Ähnlich wie bei »Germany's Next Topmodel« holen sich die Macher von »The Face« prominente Designerunterstützung, unter anderem in der Person Guido Maria Kretschmers, des einzigen deutschen Modemachers in der US-Show. Und wer hier mitmachen darf, gehört zu den Besten der Welt! Unzählige Designer haben sich nach diesem Job die Finger geleckt. »Das ist schon ein großes Ding, es ist amerikanisches Fernsehen, es ist Naomi Campbell und Karolina Kurkova«[38], schwärmt Guido von den Dreharbeiten.

Für die als Superzicke verschriene Naomi Campbell hat er nur warme Worte übrig. Guido mag sie auf Anhieb. Er hat eine gute Zeit mit ihr. Guido beschreibt sie als »hochintelligent«, voller Power und erklärt, dass sie wunderbar riecht: »Nach einer Mischung aus Mutter und Raubtier.« Wenn ihm jemand die Hand gibt und dann noch – so wie Naomi es tut – die andere Hand obendrauf legt, dann ist es um Guido sowieso geschehen. Dass andere dagegen etwas Bammel vor der Diva haben, die öfter mit ihren Wutanfällen in die Schlagzeilen gerät, kann er verstehen. Er selbst versichert aber, bei ihr keine Furcht zu kennen. Er habe vor Krankheiten Angst, nicht vor Models, scherzt er. Aber er beschreibt Naomi auch als einen Menschen, der Respekt einflößt, und kann sich vorstellen, dass die anderen Topmodels durchaus vor ihr zittern können. Dass sie ihm seine sanfte Seite zeigt, wundert Guido trotzdem nicht. Sie hat Designern eben viel zu verdanken – »und der Rest der Welt muss eben ihre Launen ertragen«[39].

Diese Sympathie beruht auf Gegenseitigkeit. Naomi liebt ihren Guido. Erst recht seine Mode. Auch Karolina Kurkova ist völlig begeistert von dem gebürtigen Münsteraner: »Ich hatte das Glück, Guido schon vorher in Deutschland kennenzulernen. Er ist eine wunderbare Person, so talentiert und sensibel«[40], erzählt sie. Und so lustig. Über seinen »Shopping Queen«-Humor lacht auch der Rest der USA. Guido beherrscht schließlich mehrere Sprachen – auch wenn er sagt, dass man über Mode und Styling überall das Gleiche sagt. Doch da er schon lange in Spanien lebt, kann er eben problemlos ins Spanische oder Englische switchen, ohne dabei etwas von seinem Mutterwitz zu verlieren.

Die Siegerin der ersten Staffel von Naomi Campbells Modelshow »The Face« ist Devyn Abdullah. Guido beschreibt sie als ein sehr ungewöhnliches Model. Ein Typ, markant, keine klassische Schönheit, dafür mit einem sehr geschmeidigen Gang. Und weil ihm die Show in den USA selbst jede Menge Glück und Freude bringt, will er etwas von diesem Glück an Devyn zurückgeben: Er bucht die junge Mutter mit den Momo-Augen kurzerhand für seine Runwayshow auf der Berliner Fashion Week.

Stichwort: Fashion Week. In den Räumen am Brandenburger Tor präsentiert Guido seine neue »Anai«-Kollektion für den Herbst/Winter 2015/16. Dafür entwirft er eigene Schuhe und nach vierjähriger Pause sogar einige Männerlooks. Kernelemente wie Röcke und Etuikleider lässt Guido neu aufleben, kombiniert reliefartige und transparente Stoffe, schafft Farbkontraste mit eingesetzten Applikationen. Und wieder einmal gibt es Applaus ohne Ende. Auch dafür, dass Guido eben mit Models arbeitet, die Kurven haben, die wohlproportioniert sind, mit Busen, Taille und Po. Hungerhaken sucht man bei ihm vergebens. »Ich finde, dass er Frauen einfach toll anziehen kann, dass man sich wohlfühlt in seinen Kleidern«[41], schwärmt die Schauspielerin Anja Kling. Und das gilt ihren Worten nach eben nicht nur für Models, die wahnsinnig mager sind, »sondern auch für mich!«

Naomi Campbell, Karolina Kurkova oder eben Anja Kling – die Schönen und Reichen dieser Welt kennen und feiern Guido. Der kleine Junge aus Münster ist längst einer von den ganz Großen. Mit 50 Jahren zählt Guido zu den Stars der Szene. Selbst Robbie Williams ist ein Fan von ihm.

KAPITEL 5

50 ist doch kein Alter

Auf Augenhöhe mit den Stars

Die Zeiten, in denen Guido unerkannt durch die Straßen gehen kann, sind längst vorbei. Sein Gesicht kennt und erkennt jeder. Egal, ob er morgens zum Bäcker schlendert, sich auf dem Markt mit frischem Gemüse eindeckt oder zum Tanken fährt: Kaum taucht er auf dem Kurfürstendamm oder in seiner Nachbarschaft in Berlin-Grunewald auf, zücken die Menschen ihr Smartphone, um einen Schnappschuss ihres Lieblings zu erhaschen. Oder sie stellen sich ihm in den Weg, drehen sich einmal wie auf dem Laufsteg um die eigene Achse und fragen: »Wie viele Punkte, Guido?« Seine Meinung ist gefragt. Auch abseits der Mode. Als der Designer einmal im Supermarkt eine Palette der Joghurtdrinks kauft, für die er seit einiger Zeit erfolgreich Werbung macht, strahlt ihn die Kassiererin überglücklich an. »Ich habe gewusst, Herr Kretschmer, dass Sie das wirklich trinken«, sagt sie zu ihm. »Ich wusste, dass man Ihnen glauben kann.«[1]

Seit wann Guido den Titel »Star« trägt, kann niemand sagen. Prominent ist er schon lange. Aber ein Star? Der Übergang ist fließend. Das Zauberwort für jeden VIP ist »Charisma«. Um bei der Öffentlichkeit anzukommen, benötigt man in erster Linie jede Menge Ausstrahlung. Natürlich gehört schon ein bisschen mehr dazu, als nur gewinnbringend und sympathisch in die Kameras zu lächeln. Talent sowie außergewöhnliche und bewundernswerte Fähigkeiten spielen beim Aufstieg zum Star sicher auch eine Rolle. Dennoch würde jeder noch so gute Sänger, Schauspieler oder Designer niemals so weit kommen, wenn er sich schüchtern und zurückhaltend präsentieren würde. »Ich habe schon als Kind gewusst, dass so etwas in irgendeiner Form passieren wird. Ich habe mich selbst interviewt und mich auf das alles vorbereitet«[2], sagt Guido über seinen Erfolg. Eine wahre Berühmtheit muss sich eben verkaufen können.

Und sich verkaufen, das kann er, der Guido. Alle Frauen lieben ihn. Sie lieben ihn für seine eBay-Kollektion, die nach wenigen Minuten vergriffen ist. Sie lieben ihn für seine Shows, mit denen er die Fernsehlandschaft ein wenig bunter macht. Sie lieben ihn für sein Herz. Dafür, dass er die alte Dame, die bei der Autogrammstunde abgedrängt wird, nach vorne holt. Dafür, dass er im »Shopping Queen Jahresspecial« noch einmal mit der Kandidatin einkaufen geht, die wegen ihres üppigen Busens nichts zum Anziehen gefunden hat. Moderatorin Bettina Böttinger sagt über ihn: »Guido wäre der perfekte Mann für mich.« Sarah Kuttner beginnt ihr Interview mit dem Modemacher mit der Frage: »Könntest du dir vorstellen, zu mir nach Hause zu ziehen? Mein Freund ist einverstanden.«[3] Barbara Schöneberger, Christine Neubauer, Claudia Effenberg, sie alle sind seine Fans.

Seine Freundin Katharina Thalbach bringt es auf den Punkt: »Guido ist der geborene Entertainer.« In dem Augenblick, in dem er eine Öffentlichkeit hat und anfängt zu erzählen, hängt man an seinen Lippen und man liegt auf dem Boden vor Lachen. Das Besondere an ihm ist aber, dass er sich dabei nicht verstellt. So wie man ihn im Fernsehen sieht, so ist Guido auch privat. Da sind sich seine Freunde alle einig. »Er ist jemand«, ergänzt Katharina Thalbach, »der trotz seiner großen Karriere nicht in Gefahr ist abzuheben.«[4]

Wie groß die Karriere des Designers tatsächlich ist, beweist ein Popokneifer von keinem Geringeren als Poplegende Robbie Williams. Der ehemalige »Take That«-Sänger reist 2013 für das Finale der RTL-Show »Das Supertalent« nach Köln. Er singt seinen Hit »Dream a Little Dream« und begeistert die Zuschauer vor und hinter den Kameras. Guido sitzt in diesem Jahr noch in der Jury. So weit nichts Neues. Hinter den Kulissen aber outet sich der britische Superstar überraschend als glühender Guido-Fan. Er kennt und schätzt ihn. Die beiden verstehen sich blendend, albern ausgelassen herum. »Der ist so süß. Er hat mich in den Hintern gekniffen, ich hatte ja so einen Spaß mit ihm«[5], erzählt Guido.

Es sind Abende wie diese, die dem Designer eine Art gesellschaftlichen Spiegel vors Gesicht halten. Guido begreift, dass er durch die vielen Fernsehauftritte längst prominenter ist als andere deutsche Designer. »Ich sehe, dass ich berühmt bin, nehme das aber ganz bescheiden.«[6] Einmal gibt er seine private Handynummer einer Journalistin, am nächsten Tag bekommt er sage und schreibe 4000 SMS. Seine neue Nummer kennt deshalb kaum jemand. Und das ist wohl auch besser so, denn seine Beliebtheit ist ungebrochen. 5000 Autogramme schreibt er inzwischen pro Woche. Immer wenn er im Büro ist, Gespräche oder Sitzungen hat, signiert er nebenbei seine Autogrammkarten. Er hat sie, in zwei Hermès-Täschchen eingepackt, stets griffbereit. Die Autogrammkarten für die älteren Fans sind hellblau, die für die jüngeren Fans schwarz-weiß. Weil er jede dieser Karten selbst unterschreibt, übernimmt er sein Kürzel GMK als Unterschrift. Früher hat er noch mit »Kretschmer« unterschrieben, im Stil fast so wie sein Vater. Für den ganzen Namen bleibt keine Zeit und das macht ihn ein bisschen traurig.

Guidos Popularität macht sich auch an seinem überfüllten Postfach bemerkbar. Etwa 300 Briefe bekommt er pro Woche zugeschickt. Guido liest sie alle. Alles, was in mühevoller Handarbeit verfasst und mit einer hübschen Briefmarke auf Reisen geschickt wird, ist es schließlich wert, gelesen zu werden. An einen Brief erinnert sich der Designer besonders gerne. Eine Frau schreibt ihm darin, dass sie das Gefühl hat, sie und Guido wären befreundet, wenn sie ihn im Fernsehen sieht. Sie lädt ihn sogar zum Essen ein. Fanliebe.

Guido kann das gut verstehen. Trotz seiner wachsenden Prominenz ist er tief in seinem Herzen selbst ein Fan geblieben. Insbesondere von starken Frauen: Oscar-Preisträgerin Charlize Theron nennt er ein »Hammerweib«: »Die raucht, liegt im Bett und ist einfach cool. Da bekommt man sofort einen Wow-Effekt.«[7] »Desperate Housewife« Eva Longoria beschreibt er als »natürlich, schön, gescheit und warm«. Seine Naomi liegt ihm natürlich ganz nah am Herzen. Er würde aber auch gerne einmal mit Hollywood-Blondine Goldie Hawn frühstücken, genau wie mit Kate Winslet. Die Dame von der »Titanic« mag Guido sehr, gibt aber zu, gar nicht zu wissen, warum er sie eigentlich so toll findet. «Sie hat manchmal so was Biederes«, sagt er. Seit »Promi Shopping Queen« ist er zudem völlig angetan von Miss »Mini-Playback-Show« Marijke Amado – weil sie »mir Lust aufs Älterwerden macht«.

Was Männer angeht, so verteilt sich Guidos Schwärmerei – abgesehen von seinem Frank – auf drei Exemplare. Allen voran Latinoschnuckel Ricky Martin. Den in Unterwäsche zu sehen, da würde er weiche Knie bekommen, gibt er zu. Den Fußballweltmeister Mats Hummels bezeichnet er als »attraktiven Mann« mit »eigenem Style«. Und als Leinwandliebling Jan Josef Liefers würde Guido gerne in seinem nächsten Leben wiedergeboren werden. Schließlich grinst niemand so zauberhaft wie dieser Jan.

Dann ist da noch Karl Lagerfeld.

Ein feiner weißer Zopf, Stehkragen, Fächer. Dazu schwarze Handschuhe, schwarze Sonnenbrille, schwarzer Humor. Die Erscheinung Karl Lagerfelds ist seit Jahren unverwechselbar. Als sein Geburtsdatum gibt der aus Hamburg stammende Modezar selbst lange Zeit den 10. September 1938 an. Andere Quellen, darunter seine ehemaligen Klassenkameraden, behaupten, dass Karl Lagerfeld bereits

1933 das Licht der Welt erblickt hat. Eitelkeiten eben. Aber die hat »Karlchen Glücksklee«, wie er als Junge von allen genannt wird, schon immer. Sein Vater, der Schweizer Unternehmer Otto Lagerfeld, bringt sehr erfolgreich ganz Deutschland auf den Geschmack der »Glücksklee«-Dosenmilch, was der Familie in fast wörtlichem Sinne ein Leben in Milch und Honig beschert. Angeblich soll schon der vierjährige Karl ganz standesgemäß nach einem Diener verlangt haben. Das Lesen bringt er sich selbst bei. Genau wie das Zeichnen. Seine Mutter versucht ursprünglich, ihn für das Klavierspiel zu begeistern. Eines Tages aber klappt sie den Klavierdeckel auf seinen Fingern zu und meint: »Zeichne lieber, das macht weniger Lärm.« 1952 zieht Karl Lagerfeld mit seiner Mutter nach Paris. Zwei Jahre später gewinnt er bei einer Ausschreibung des Internationalen Wollsekretariats für einen Mantelentwurf den ersten Preis. Im selben Jahr beginnt er seine Schneiderlehre bei dem französischen Designer Pierre Balmain. Nach dem Abschluss macht sich Lagerfeld als freischaffender Designer selbstständig.

Was dann folgt, ist die wohl maßgeschneidertste Karriere, seit es Mode gibt: 1958 ist Karl künstlerischer Direktor bei Jean Patou. 1963 wechselt er zu Chloé, 1965 entwirft seine ersten umjubelten Modelle für Fendi. 1974 gründet er sein erstes eigenes Unternehmen unter dem Namen »Karl Lagerfeld Impression«. 1983 wird er künstlerischer Direktor, 1984 Chefdesigner bei Chanel, außerdem lehrt er von 1980 bis 1984 als Gastprofessor an der Universität für angewandte Kunst Wien. 1990 entdeckt und fördert er ein bis dato noch unbekanntes Model namens Claudia Schiffer. Karl Lagerfeld sieht in seiner »Clohdia« – er spricht den Namen stets mit einem langen, nasalen »o« aus – eine zweite Brigitte Bardot. Der Rest ist textile Legende.

Für Guido ist der Mann, der wahrscheinlich noch schneller und noch ausschweifender spricht als er selbst, ein absolutes Vorbild. Auch weil Karl Lagerfeld immer neue Wege beschreitet. Er macht sich als Fotograf einen Namen, lockt unter anderem Prinzessin Caroline von Monaco vor die Linse. Er entwirft Kreationen für das Versandhaus Quelle und die Modekette H&M. Er prägt Sprüche wie »Wer Jogginghosen anzieht, hat die Kontrolle über sein Leben verloren«[8]. Und er erfindet sich selbst neu. So nimmt er nach einer Radikaldiät im Jahr 2000 unglaubliche 40 Kilo ab. Guido wäre schon mit acht Kilogramm weniger auf den Rippen mehr als happy.

Das Erfolgsgeheimnis von »King Karl« ist neben seiner eisernen Disziplin auch die Fähigkeit, sich über sich selbst lustig zu machen. »Was mich natürlich nicht daran hindert, mich auch über andere lustig zu machen«[9], sagt er. Der Satz könnte genauso gut von Guido stammen. Auch wenn der Münsteraner seine Kritik sicherlich ein wenig charmanter formuliert. Unter Umständen sind der Modezar und der Topdesigner sogar über mehrere Ecken verwandt. »Seine Mutter kommt aus einem Kaff in Nordrhein-Westfalen, ganz in der Nähe von dem Ort, in dem ich geboren wurde«, erzählt Guido. »Unsere Mütter haben also nur zehn Kilometer entfernt voneinander gelebt.«[10] Es ist daher gar nicht so abwegig, dass sie so etwas wie Cousins 17. Grades sind. Nicht umsonst hat jemand einmal geschrieben: »Guido Maria Kretschmer ist so schnell und so gescheit wie Karl Lagerfeld und amüsant, aber er ist jemand aus dem Jetzt.«[11]

Auch wenn die meisten positiv über Guido sprechen und ihn für sein Herz und seine Kreationen loben, so gibt es doch Menschen, die ihm seinen Erfolg nicht gönnen. Wie er damit umgeht? Er atmet sich frei.

Yoga – sein Trick gegen Kritik

Der Designer stellt sich »scharf auf Menschen«, wie er es nennt. Er will jedem die Chance geben, nett zu sein, indem er sich selbst herzlich gibt und die Menschen mit all ihren Facetten vorurteilsfrei annimmt. Guido ist in seinem Umfeld als »Professional Friend« bekannt. »Ich bin ein fürsorglicher Freund und öffne mich sehr. Auch in meinen Sendungen. Manchmal vielleicht zu sehr«[12], charakterisiert Guido den für ihn typischen Charakterzug

Mit Kritik hat er kein Problem. Im Gegenteil: Guido ist ein Freund offener Worte. Er erwartet von seinen Liebsten dieselbe Ehrlichkeit, die er ihnen entgegenbringt. Auch dann, wenn es schwerfällt. Die Wahrheit kann schließlich wehtun. Einmal kündigt er einer alten Bekannten die Freundschaft. Er teilt ihr das behutsam in einem Brief mit, ganz lieb und freundlich. »Ich habe gemerkt, jetzt bin ich raus, ich habe mit ihrem Leben nicht mehr viel zu tun«[13], erklärt er seine Motivation, sich aus der Freundschaft zu lösen. Sie einfach im Sande verlaufen zu lassen findet er unpassend. Also setzt er sich hin, nimmt sich ein paar Momente Zeit und verfasst einen handschriftlichen Brief. Beim Briefeschreiben ist man gezwungen, noch einmal über all die Worte nachzudenken, die man letztendlich zu Papier bringen möchte. Und Guido hat das Gefühl, dass er seiner Bekannten diese Mühe schuldig ist.

Sich selbst als unfehlbar zu bezeichnen, davon ist der Designer weit entfernt. »Wenn ich mich manchmal auf Fotos sehe, denke ich mir auch schon mal: ›Ja, Guido, wie schaust du denn da aus? Hab ich da eine Macke gehabt?‹«[14] Doch genau das gefällt ihm an Mode, dass »man auch mal danebenliegen kann«. Der Designer findet es daher völlig in Ordnung, von seinen Mitmenschen selbst die Punktetafel gezeigt zu bekommen. Fünf Punkte für das vielleicht doch zu enge Sakko in Blau? Vier Punkte für die kreischende Krawatte? Damit kann er leben.

Damit schon.

Doch wer wie er im Rampenlicht steht, ist eben auch Zielscheibe von Hass, Neid und Intoleranz. Und das hat nichts mehr mit konstruktiver Kritik zu tun. Das sind Verletzungen, die sich schmerzhaft tief in die Seele einbrennen. Es ist eine Weile her, da erhält Guido eine Mail, in der steht: »Du alte, fette, widerliche Schwuchtel. Dich müsste man totschlagen.«[15] Man kann sich vorstellen, wie aufgewühlt und hilflos sich Guido nach so einer Attacke fühlen muss. Er, gerade er, der keiner Fliege etwas zuleide tun kann. Er, dessen oberste Sorge in seinen Fernsehsendungen ist, dass sich niemand schlecht fühlt. Ausgerechnet er wird mit einer Hasstirade bedacht, in der gedroht wird, ihn umzubringen. Guido ruft daraufhin sofort seinen Vater an. Der macht ihm klar: »Wenn du vorne stehst, kommt Wind.«

Wenn man im Rampenlicht steht, ist die Kehrseite der Medaille eben nicht nur schattig, sondern auch verdammt zugig. Nicht jeder kann damit umgehen. Die ständige Öffentlichkeit, der Druck, immer wieder einen hohen kreativen Output haben zu müssen – bei einigen Künstlern entsteht dadurch der Drang, sich zusätzlich Treibstoff zu verschaffen, sei es durch Alkohol, Kokain oder Tabletten. Wenn man einmal in diesem Teufelskreis steckt, gibt es nur selten ein Zurück. Amy Winehouse, Whitney Houston, Romy Schneider – keine dieser legendären Frauen ist letztendlich trotz all ihrer umjubelten Erfolge stark genug, dem permanenten Gegenwind aus Anfeindungen, Missgunst und Sensationsgier standzuhalten. Alle drei knicken sie um, alle drei müssen weit vor ihrer Zeit gehen.

Guido weiß zum Glück mit Stress umzugehen, auch mit seelischem Stress. Er mag das Gefühl, im Einsatz zu sein, gebraucht zu werden. Er würde vermutlich unter Freizeitstress leiden, wenn er zu wenig Arbeit hätte. »Da würde mir etwas fehlen«, betont er. Seinen Beruf empfindet er deshalb keineswegs als Belastung. Er gibt zwar zu, sich »wegen so 'nem Scheiß« verrückt zu machen, sich Gedanken durch den Kopf gehen zu lassen wie: ›Hoffentlich kommt der Flieger pünktlich. Hoffentlich entgleist der Zug heute nicht.‹[16] Aber bei allem, was er selbst steuern kann, bleibt er ganz entspannt. Weil er sich gut organisieren kann und weil er in den Momenten, in denen Ruhe herrscht, auch wirklich zur Ruhe kommt.

Die erste Pause gönnt er sich gleich morgens nach dem Aufstehen. Guido stellt sich den Wecker immer so früh, dass er genügend Zeit hat, um einen Blick in seinen Garten zu werfen, seine Hunde ausgiebig zu kraulen, sich rundherum positiv auf die Herausforderungen des Tages einzustimmen. Je nachdem, wann er aus dem Haus geht, nimmt er sich diese Zeit manchmal um 7 Uhr morgens, manchmal auch schon um 4 Uhr früh. Die zweite Pause des Tages steht mittags auf dem Programm. Statt irgendwo in einem Lokal essen zu gehen, nutzt er diese halbe Stunde für einen Spaziergang im Park. Er betrachtet das satte Grün der Wiesen und die Anmut der Bäume oder füttert ein paar Eichhörnchen. Die Natur gibt ihm Kraft. So wie es die altdeutsche Version seines Namens wunderbar umschreibt: Withold, der Mann des Waldes. Wenn Guido dann abends im Bett liegt, lässt er, kurz bevor er einschläft, den Tag noch einmal gedanklich Revue passieren. Über all das Schöne, was ihm widerfahren ist, freut er sich. Alles andere hakt er ab: »Ich nehme die Geschehnisse an«, sagt er. So kann er sicher sein, dass die unangenehmen Dinge, die am Tag vielleicht passiert sind, ihn des Nachts nicht verfolgen.

Unter Stress und Erschöpfung zurück ins Gleichgewicht zu kommen ist zwar Teil der menschlichen Natur. Aber manchmal bringt einen das Leben so aus der Balance, dass man Unterstützung braucht, um wieder die innere Mitte zu finden. Das, was einen dabei am stärksten aus dem Takt zu bringen vermag, ist der eigene Geist. Gerade in Zeiten, in denen die Belastungen besonders hoch sind und man sich noch dazu selbst unter Druck setzt, fühlt man sich fahrig, angreifbar, unausgeglichen, schwach – eben nicht mehr in der Mitte. Guido schwört deshalb seit Jahren auf Yoga. »Ich stehe in sehr enger Verbindung mit meinem Körper und merke schnell, wenn ich mal unruhig werde«[17], sagt er. Beim Hatha-Yoga einer Form dieser indischen Lehre mit körperlichen und geistigen Übungen, verrät schon die Bedeutung der Worte, dass es darum geht, die innere Harmonie wiederherzustellen. In der mythischen Wortbedeutung steht die Silbe »Ha« für Sonne, »Tha« für Mond. Hatha-Yoga ist also die Vereinigung (»Yoga«) von Sonne und Mond. Dabei symbolisiert die Sonne jegliche Form von Aktivität. Der Mond dagegen steht für alles, was mit Regeneration zu tun hat und einem hilft, zurück zu alter Stärke zu gelangen. Guido bedient sich dafür zusätzlich eines speziellen Atemmantras. Er nennt es »Som Ham«. Dafür schließt er zuerst die Augen und füllt dann seine Lungen mit Luft und Energie. Beim Einatmen summt er in Gedanken »Som«, beim Ausatmen »Ham«. Das macht er drei- bis viermal. »Danach bin ich tiefenentspannt und cool«, erzählt er.

Guido hat noch einen weiteren Relaxtipp. Und dieser Tipp ist so einfach wie effektiv: abschalten – im wahrsten Sinne des Wortes. Handy aus, Laptop aus, Schluss mit der Erreichbarkeit. Guido berichtet, dass er sein Smartphone manchmal ganz bewusst ausschaltet: »Weil ich mir sicher bin, dass ich dadurch nichts verpassen werde, was mein Leben so verändern würde, dass ich damit nicht auch morgen noch weiterleben könnte. Ich hadere nicht mit dem, was ich verpassen könnte.«[18] Im Gegenteil: Die ständige Erreichbarkeit empfindet er als Fluch für die moderne Gesellschaft. «Ich halte es für problematisch, wenn man in bestimmten sozialen Netzwerken sehen kann, wer gerade ›on‹ ist«[19], kritisiert er. »Dabeisein ist alles«, ist heutzutage die Devise. Egal, zu welchem Preis.

Guido und sein Handy, das ist sowieso ein Thema für sich. So richtig umgehen kann er mit seinem mobilen Begleiter nicht. Er benutzt kein »WhatsApp«, verschickt keine Fotos oder Videos. Schlicht aus dem Grund, weil er nicht weiß, wie das funktioniert. Er ist gerne ein wenig altmodisch und steht auch dazu. Immerhin: SMS schreiben klappt. Allerdings gehört der Designer zu den seltenen Exemplaren im digitalen Kommunikationsnetz, die auch bei einer SMS die schriftliche Etikette wahren. Er benutzt immer eine Anrede, immer ein Adieu. Er schreibt keine Abkürzungen, tippt in Groß- und Kleinbuchstaben. Und vor allem: Er versendet keine Smileys! »Ich habe noch nie in meinem Leben einen verschickt.« Warum? Weil er sich die Zeit nimmt, das zu schreiben, was ihm auf der Seele brennt. Dazu bedarf es keiner kleinen gelben Gesichter, die lachen, weinen oder ihren Kopf gegen eine Wand hämmern können. Es sind einfach nur ein paar Sekunden mehr Aufmerksamkeit nötig.

Der Designer ist der Meinung, dass jeder Mensch eine gewisse Entschleunigung im Alltag braucht. Das hat jeder für sich selbst in der Hand. Jeder hat die Macht, stopp zu sagen. Und diese Macht sollte man nutzen. Sei es beim Sport, auf dem Sofa oder umgeben von (grünen) Freunden.

Garten Eden

Eden bedeutet »Freude«. Das 2000 Quadratmeter große Anwesen in Berlin-Grunewald ist Guidos Garten Eden, es ist sein Paradies. »Der Garten rettet mich«, beteuert er, »er ist der einzige Platz, an dem ich so richtig durchatmen kann.«[20] Entschleunigen, wie er es auch so treffend bemerkt. Er bezeichnet sich selbst als den »totalen Gärtner« und liebt es, draußen bei seinen Pflanzen zu sein. Mit Gummistiefeln an den Füßen und seinem Frank im Gepäck gräbt er hier, buddelt dort – und zeigt, dass er neben seinem geschickten Händchen für Mode auch einen richtig grünen Daumen besitzt.

Für andere Hobbys hat er kaum Zeit. Wenn er welche hätte, würde er wandern gehen. Oder etwas sammeln. »Sportlich werde ich wohl erst in meinem nächsten Leben«, sagt er lachend und kokettiert damit, dass er normalerweise sicherlich Rugby spielen oder sich anderen knallharten Männersportarten widmen würde, wenn es bloß die Versicherung erlauben würde. Als Junge spielt er eine Zeit lang Fußball, ist Stürmer des Fußballclubs SC Müssingen. Inzwischen beschränken sich seine Kickerambitionen aber auf das Anfeuern von Borussia Dortmund und das Kreieren von Fanartikeln. Für Puma designt er sogar eine BVB-Kollektion. Vom Rasensport an sich ist heute nur noch der Rasen übrig geblieben.

Die Arbeit im Garten erdet ihn. Das ist schon immer so. Guido ist Mitte zwanzig, als er sich auf Mallorca sein erstes Haus kauft. Seine Mutter Marianne schenkt ihm eine bronzene Plakette, auf der ein Spruch des Schweizer Landschaftsarchitekten Dieter Kienast (1945–1998) zu lesen ist: »Der Garten ist der letzte Luxus unserer Tage, denn er fordert das, was in unserer Gesellschaft am kostbarsten geworden ist: Zeit, Zuwendung und Raum.« Heute, rund

25 Jahre später, hat diese Weisheit nichts von ihrer Gültigkeit verloren. Der Garten ist nach wie vor Guidos liebstes Hobby. Besser gesagt: die Gärten! Schließlich besitzt er nicht nur zwei Häuser. Er hat somit auch zwei Gärten, die unterschiedlicher nicht sein könnten. Mit seinem Grundstück auf Mallorca hat er im wahrsten Sinne des Wortes einen Platz an der Sonne. »In Berlin merke ich, dass ich auf einmal im Schatten sitze«[21], erzählt Guido. In seinem Grunewalder Garten wachsen nämlich majestätisch große Bäume, was wiederum bedeutet, dass all seine Beete im Schatten oder Halbschatten liegen. Der Schönheit dieses Gartens tut das allerdings keinen Abbruch. Das Spiel mit Licht und Schatten unter den Bäumen lässt Guidos Funkien und Rhododendren sogar in einzigartigen Farben erstrahlen.

Seine Frühjahr/Sommer-Kollektion »Sol y Sombra« (zu Deutsch: Licht und Schatten), die stolze 260 Teile umfasst, ist eine Hommage an seinen Berliner Garten. Dieses außergewöhnliche Farbenspiel, das kräftige Grün, das vergessene Grau, viel Weiß, viel Schwarz – all diese Effekte setzt Guido in seinen Kreationen um. Sogar die löchrigen Blätter seiner Funkien, die von den Schnecken zerfressen sind.

Schnecken ... jeder Hobbygärtner kennt das Problem. Schnecken gehören zu den lästigsten aller Schädlinge, schließlich futtern sie all die prächtigen Pflanzen in null Komma nichts kahl. Guido ist gerade mit dem Bau seines Schattengartens fertig, da geht er auch schon los, der Angriff der Killerschnecken. Die »schleimigen Scheißerchen« verspeisen all seine Funkien. Töten will Guido sie trotzdem nicht, sie tun ihm leid. »Ach komm«, denkt er sich. »Beseitigen kannst du die Tiere nicht. Und es sieht doch schön aus.«[22] Und er macht das Lochmuster wirkungsvoll zum Teil seiner Kollektion.

Guido hat allerdings nicht nur ein Herz für die Bauchfüßer, die ihn
– Schnecke sei Dank – zu seinen Kreationen inspiriert haben. Er
verzichtet bei seiner Arbeit auch komplett auf echtes Leder. Seine
gesamte Modelinie ist vegan. Seine Jacken sind aus Kunstleder,
einem Nubukleder-Fake. »Ein super Material, welches wirklich täuschend echt aussieht«, freut sich Guido.

Er freut sich auch deshalb, weil seinetwegen kein Tier sinnlos sterben soll.

Muss nur noch kurz die Welt retten

Dass er nichts für pelzbesetzte Kapuzen oder gar Nerzmäntel übrighat, daraus macht Guido keinen Hehl. Tiere, die völlig sinnlos wegen irgendeines Modetrends sterben müssen, sind für ihn immer schon ein absolutes Tabu. Er würde es nicht übers Herz bringen, erst zu Hause mit seinen drei Hunden zu kuscheln und danach einen Mantel zu nähen, für den 40 bis 60 Nerze sterben müssen. Wer einmal die putzigen Knopfaugen dieser kleinen Raubtiere gesehen hat, der kann verstehen, warum Guido auf Kunstfell und Kunstleder setzt. Die meisten Nerzfarmen findet man übrigens in unserem Nachbarland Dänemark. Norwegen und Finnland verfügen über die größte Anzahl an Fuchsfarmen. Guido Maria Kretschmer will nicht nur in der eigenen Berufssparte, sondern auch in der Pharma-, der Gesundheits- und der Beautyindustrie keine unschuldigen Lebewesen mehr leiden sehen. »Es ist grauenvoll, was dort geschieht«, sagt Guido und beschließt, etwas dagegen zu tun. Wegucken ist für ihn keine Option.

Auf seiner Facebook-Seite unterstützt er Anfang des Jahres eine Petition, mit deren Hilfe dem Leiden der Tiere endlich ein Ende gesetzt werden soll. Unter dem Titel »Stoppt die Tierversuche und den Ausbau des Labors am Max-Planck-Institut in Tübingen!« sammelt er möglichst viele Unterschriften, die dazu führen sollen, dass dort nicht länger an Rhesusaffen das menschliche Gehirn erforscht werden soll. »Jeder kann helfen und eure Unterschrift zählt«, appelliert er an seine schier unzähligen Fans. Insgesamt unterzeichnen rund 20.000 Menschen diese Petition. 16.000 davon sind Guido-Fans, die zuvor auf seiner Facebook-Seite den Aufruf mit einem »Like« bewerten. Der Designer bewegt die Massen nun einmal wie kein Zweiter. Und für das, was ihn bewegt, setzt er sich mit allem ein, was er hat.

Als Pate der Stiftung »RTL – Wir helfen Kindern« setzt er sich unter anderem für kleine Schlaganfallpatienten ein. Guido ist Botschafter der »Stiftung Deutsche Schlaganfall-Hilfe« mit Sitz in Gütersloh und versucht, mit seiner Popularität möglichst viele Menschen auch für dieses Thema zu sensibilisieren. »Ich möchte dazu beitragen, dass der Schlaganfall bei Kindern frühzeitig erkannt wird«[23], sagt er. Nach offiziellen Angaben sind allein in Deutschland Jahr für Jahr 300 Kinder betroffen. Die Dunkelziffer liegt wesentlich höher. Für Guido ist es wichtig, »dass den betroffenen Familien durch verbesserte Therapiemöglichkeiten geholfen wird«. Allein die Vorstellung, dass in Deutschland so viele Familien mit ihrem Kummer allein gelassen werden, treibt ihn an, sich für diese Menschen einzusetzen. »Wir als Gesellschaft sind doch verpflichtet, aufeinander aufzupassen und etwas zu unternehmen«[24], fordert er.

Reden allein ist ihm allerdings zu wenig. Vielleicht auch, weil er von diesem Thema persönlich betroffen ist. Der Sohn eines guten Freundes erleidet im Alter von 15 Jahren einen Schlaganfall. »Ich weiß daher, wie einer Familie dadurch der Boden unter den Füßen weggezogen wird«[25], erläutert er. Guido erlebt hautnah mit, wie lange es dauert, bis diese Durchblutungsstörung im Gehirn überhaupt erkannt und eine optimale Behandlung samt Therapie angesetzt wird. Nämlich viel zu lange. Der Besuch im Neurologischen Rehabilitationszentrum Friedehorst in Bremen ist daher für ihn eine echte Herzensangelegenheit. Kaum ist Guido dort, bringt er die kleinen Schlaganfallpatienten auch schon zum Lachen. Er singt mit ihnen, trommelt wie wild auf verschiedenen Instrumenten herum, erzählt ihnen Geschichten. Und er hört sich ihre Geschichten an – wie die der kleinen Hanna. Sie erleidet mit eineinhalb Jahren einen Schlaganfall, den die Ärzte nicht bemerken. Einer ihrer Arme ist seitdem gelähmt. Hanna demonstriert Guido, wie sie es schafft, sich trotzdem alleine ein Brötchen aufzuschneiden oder Saft in ein Glas zu gießen. Die süße Kim beeindruckt den Designer nicht minder. Das Mädchen ist seit einem Schlaganfall im Mutterleib stark geistig und körperlich behindert. Aufgeben? Kommt für Kim nicht infrage. Als Guido ihr Zimmer betritt, zeigt sie ihm voller Stolz, wie es ihr jahrelange Therapien ermöglicht haben, die ersten eigenen Schritte zu gehen. Der Weg dorthin war auch für Kims Eltern weit. Die unzähligen Hürden, erzählen sie, haben sie an den Rand ihrer Kräfte gebracht.

Der Tag in der Rehaklinik hinterlässt Spuren. Guido gehen die Schicksale der Kinder wahnsinnig ans Herz. Aber er hat auch Hoffnung gesehen und vor allen Dingen jede Menge Liebe. Er lernt Familien kennen, die stark sind, die bedingungslos zusammenhalten. Kim und Hanna beschreibt er als »zwei ganz zauberhafte Mädchen, echte Kämpfernaturen«. Und er fügt hinzu: »Hätte es in unserer Familie ein Kind mit Behinderung gegeben, wären wir auch eine liebende Einheit gewesen. Wir alle sind dazu aufgerufen, diese Familien zu unterstützen und zu stärken.«[26]

Die Schirmherrschaft für die Schlaganfall-Hilfe ist nicht sein einziges soziales Engagement. Anlässlich der »Tribute to Bambi«-Gala zum Beispiel entwirft Guido eine limitierte Charity-Clutch exklusiv für eBay. Die Tasche aus taupefarbenem Veloursleder kann mit vier verschiedenen Henkeln kombiniert werden und ist damit wunderbar vielseitig. Dass die Tasche innerhalb kürzester Zeit vergriffen ist, braucht man nicht zu erwähnen. Die Spendengelder, die bei dem Charity-Event »Tribute to Bambi« empfangen werden, gehen ohne Abzug an verschiedene Kinderhilfsprojekte in Deutschland. Bei der letzten Veranstaltung 2013 kommen sie der Kindervereinigung Weimar e.V., dem MENSCHEN(s)KINDER e.V. Bochum und der Kinderaugenkrebsstiftung Bonn zu. »Wir waren von unserer bisherigen Zusammenarbeit restlos begeistert. Dass wir gemeinsam mit

Guido nun noch etwas Gutes tun und Kindern in Not helfen können, macht die Kooperation umso schöner«[27], freut sich Leonie Bechtoldt, Pressesprecherin bei eBay.

Auch beim Thema Aids kann und will Guido nicht wegsehen. Gute Freunde von ihm sind an dieser schrecklichen Krankheit gestorben. Er hat sie nie vergessen, keinen von ihnen. Diese Erinnerung, so betont er, ist ihm wichtig. Genau wie sein Engagement für die Berliner Aids-Hilfe. Als der Designer im November 2014 gefragt wird, ob er für die »Künstler gegen Aids«-Gala im Theater des Westens als Moderator durch die Show führen will, muss er nicht lange überlegen. Für ihn ist es Ehrensache, seinen Teil dazu beizutragen. Und so setzt er sich auch am Welt-Aids-Tag, dem 1. Dezember, gemeinsam mit anderen Prominenten für mehr Aufklärung und Solidarität ein. Solange das Thema stigmatisiert wird, »muss man einfach seine Stimme erheben. Für was soll prominent sonst überhaupt Sinn machen?«[28], fragt Guido, der vor allem das mangelnde Bewusstsein als das größte Problem bei der Ausbreitung von Aids ansieht. Er weiß selbst von »ganz, ganz vielen«, wie schnell man sich anstecken kann. Es reicht ein Moment – sei es aus Liebe, aus Lust oder aus Unachtsamkeit –, in dem man denkt, es wird schon nichts passieren. Genau hier sieht Guido die Gefahr. Allein in Deutschland sind nach einer Schätzung des renommierten Robert-Koch-Instituts (RKI) derzeit 70.000 Menschen mit Aids infiziert. 70.000 Menschen, die Hilfe brauchen. Die nicht vergessen werden wollen.

Es gibt also noch eine Menge zu tun.

Die Sterne weisen ihm den Weg

Wäre Guido ein Jahr später auf die Welt gekommen, eine Woche später oder auch nur zwei Stunden, er wäre vielleicht ein völlig anderer Mensch geworden. Der 11. Mai 1965 liegt im Tierkreiszeichen Stier. Ein Erdzeichen. Sein Aszendent ist Löwe. Und was soll man sagen: Der Modedesigner ist ein typischer Stier, ein noch viel typischerer Löwe – und dass er im chinesischen Horoskop als Holzschlange gilt, kann er ebenfalls nicht verleugnen.

»Nur mit der Ruhe«, sagt bedächtig der Stier. »Wer langsam reift, kommt auch ans Ziel.« Der Stier überstürzt die Dinge nicht, alles muss zuerst gründlich überlegt werden. Er ist zäh, ausdauernd und arbeitet konsequent an seinen Plänen. Und in den Pausen ist er nicht abgeneigt, das eine oder andere opulente Mahl zu sich zu nehmen und das Leben in aller Sinnlichkeit zu genießen. Stiere sind bequem, ökonomisch und bewegen sich eigentlich nur, wenn sich der Einsatz lohnt. Sie neigen – und das weiß Guido selbst am besten – zu ein wenig Fülle! Aber sie haben vor allem eine »innere Fülle«, aus der sie jede Menge Kraft schöpfen. Bei Rückschlägen lassen sie sich deshalb kaum von ihrem Weg abbringen. Sie ertragen schwierige Situationen mitunter mit stoischer Ruhe und erhöhen ihre Leistungen ganz selbstverständlich, sodass die Dinge wieder in die richtige Richtung laufen. Böse Zungen behaupten auch: Stiere sind stur und wollen mit dem Kopf durch die Wand.

Stiergeborene sind zudem Menschen mit hoher Gestaltungskraft. Sie setzen ihre Hände ein, um Dinge zu erschaffen. Die starke Erdverbundenheit dieses Tierkreiszeichens macht sie gleichzeitig umgänglich und gemütlich. Stiermänner – das sagen die Sterne – haben etwas Drolliges und Knolliges an sich und verfügen über einen goldenen, ungezwungenen Humor. Insgesamt gelten sie als friedliche Wesen, doch wenn sie in Rage kommen, können sie überraschend heftig, manchmal sogar grob werden. Solche Ausbrüche kommen aber selten vor. Es muss schon ein triftiger Grund vorliegen, dass ein Stier sich so richtig aus seinen Grundfesten erhebt. Stiere sind nämlich viel lieber mit Ausschmücken und Genießen beschäftigt, als dass sie kämpfen und ihre Kräfte mit anderen messen wollen. Wenn es ihnen gelingt, Schönheit, Zweckmäßigkeit und Nützliches miteinander zu verbinden, macht sie das glücklich. Das sind für viele Stiere auch die wahren Werte. Man würde vielen der April/Mai-Geborenen Unrecht tun, wenn man sie auf Geld und Luxus reduzieren würde – obwohl sie dem natürlich nicht abgeneigt sind. Sie sind aber großzügig und geben gerne etwas ab, vor allem an Menschen, die ihnen nahestehen.

Interessant bei den Stieren ist, dass sie einerseits sesshafte Menschen sind, es sie andererseits überraschend oft ins Ausland zieht. Vielleicht weil sie dort einen besseren Flecken Erde ihr Eigen nennen können. In den fremden Regionen setzen sie sich fest und bleiben, werden Teil der ansässigen Bevölkerung. Auch in diesem Zusammenhang kommt die unverbrüchliche Treue des Stierzeichens zum Ausdruck: Einmal entschieden, bleibt man dabei. Auch in der Liebe.

Die Sterne beschreiben den Stiermann also zusammengefasst als einen zielstrebigen Künstler, der sich gerne mit Schönheit umgibt. Der das Leben mit allen Sinnen genießt, ein wenig mollig und gemütlich ist, dazu treu, lustig, liebenswert. Und der ein Leben im Ausland vorzieht. Besser lässt sich das Wesen von Guido kaum in Worte fassen. Zufall?

Noch entscheidender als das Tierkreiszeichen ist der Aszendent. Der Begriff geht auf das Lateinische »ascendere« zurück, was so viel wie »emporsteigen« bedeutet. Ein Aszendent entspricht dem Tierkreiszeichen, das zum Zeitpunkt der Geburt am östlichen Horizont aufsteigt. Aufgrund der täglichen Erddrehung um die eigene Achse steigen alle Tierkreiszeichen innerhalb von 24 Stunden einmal auf. Das bedeutet, dass im Durchschnitt alle zwei Stunden ein neues Sternzeichen erscheint und damit das Horoskop auch alle zwei Stunden seinen Aszendenten wechselt. Aus diesem Grund ist es unwahrscheinlich, dass zwei Menschen, die am selben Ort und am selben Tag geboren sind, auch das gleiche Horoskop haben. Sie haben zwar das gleiche Tierkreiszeichen, können aber vom Wesen her ganz verschieden sein. Der Aszendent vermittelt meist die Charaktereigenschaften, die andere Menschen innerhalb der ersten fünf Minuten an einer Person wahrnehmen. So kann es sein, dass jemand mit dem Sternzeichen Widder – nach der gängigen Einteilung ein stürmisches Zeichen – von seiner Umwelt als nachdenklich beschrieben wird, weil sich der Aszendent im verträumten Fisch befindet. So viel zur Theorie.

Guidos Aszendent ist Löwe. Der König. Der, der oben auf dem Felsen der Macht steht. Oder auf der Bühne. Egal, wo er auftaucht, sein Auftritt bleibt niemals unbemerkt. Allein schon seine Körperhaltung und sein äußeres Erscheinungsbild haben etwas Imponierendes. Man spürt bei einem Löwen förmlich seine Aura von Stolz und Luxus, dazu die Selbstsicherheit und Offenheit, die dieses Feuerzeichen ausmacht. Löwen sind leidenschaftlich, sie haben ein unternehmerisches Talent und brauchen viel Spielraum für ihre Selbstentfaltung: Am liebsten sind Löwen ihr eigener Chef. Sie wollen keine Aufgaben von anderen übernehmen, sie wollen selbst glänzen. Wie sagt Guido es selbst so treffend: »Für die zweite Reihe bin ich nicht gemacht.«

Bei dem Designer vereinen sich Erde und Feuer, zwei Zeichen, die sich, astrologisch gesehen, gut miteinander vertragen. Die Sinnlichkeit des Stiers vereint sich mit dem Würdevollen des Löwen. Geselligkeit (Stier) trifft Großzügigkeit (Löwe). Erotik (Löwe) trifft Genuss (Stier). Man mag an Horoskope glauben oder nicht, aber bei Guido beweisen die Sterne eine erstaunlich hohe Trefferquote. Es scheint, als ob sich der Himmel »Shopping Queen« ansieht.

Sein Geburtsdatum macht Guido aber nicht nur zum Stier, sondern laut chinesischer Astrologie auch zur Schlange. Dazu muss man wissen, dass Buddha, als er die Erde verlässt, alle Tiere zu sich ruft. Allerdings kommen nur zwölf, um ihm Lebewohl zu sagen. Zur Belohnung gibt er jedem Jahr den Namen eines dieser Tiere, und zwar in der Reihenfolge ihres Eintreffens – so heißt es in der buddhistischen Lehre. Das erste chinesische Tierkreiszeichen ist demnach die Ratte, es folgen Büffel, Tiger, Hase, Drache, Schlange, Pferd, Ziege, Affe, Hahn, Hund und das Schwein.

Gleich der Schlange, die sich häutet und alte Schichten abstreift, haben Menschen dieses Zeichens das Verlangen, sich immer wieder neu zu erfinden. Schlangen sind zudem ausgezeichnete Beobachter. Sie erfassen Situationen schnell und wissen meist genau, was zu tun ist. Konfrontationen mögen sie weniger und gehen ihnen eher aus dem Weg. Sie wollen ihre Ruhe haben. Schlangen gelten – auch hier wird Guido mehr als treffend beschrieben – als sehr empfindsam, nachdenklich und philosophischen Fragen zugewandt.

Menschen mit diesem chinesischen Zeichen haben zudem sehr viel Sinn für Schönheit, Eleganz und Stil. Reine Funktionalität ist nicht ihre Sache, nein, sie lieben den Luxus. Ihr Lebensstil muss eine ausgeklügelte Mischung aus Komfort, Dolce Vita und Geistigkeit sein. Tatsächlich kann man sich Guido Maria Kretschmer schlecht bei einem Campingurlaub mit Zelt, Klappbett und Plumpsklo vorstellen. Ihr hoher Anspruch an die eigenen Lebensbedingungen macht

Menschen dieses Tierkreiszeichens oft beruflich erfolgreich. Sie streben nach Macht und Reichtum, ohne dabei ein falsches Spiel zu spielen. Ihre Karriere wird vielmehr durch ihren ehrlichen Einsatz, ihre Zielstrebigkeit, einen messerscharfen Verstand sowie ein gutes Gespür für Situationen und Menschen vorangetrieben. Es ist also kein Zufall, dass man die schlauen Schlangen häufig in der Politik, in der Wirtschaft und in der Modewelt findet.

Auf das andere Geschlecht wirken Schlangen oft sehr anziehend, sie sind Meister der Verführung. Dennoch bleiben sie zunächst distanziert und halten ihr Gegenüber auf Abstand. Erst in einer festen Beziehung öffnen sich die geheimnisvollen Wesen. Nicht jeder darf dem bissigen Tierchen nahekommen, bei seiner Partnerwahl ist es nämlich äußerst wählerisch.

Das chinesische Horoskop ordnet jedem Geburtstag einer »Wandlungsphase« zu. Fünf Phasen gibt es: Erde, Feuer, Wasser, Metall und eben Holz. Guido ist eine Holzschlange. Das Besondere an diesen bodenständigen Tieren ist nicht nur das Streben nach Sicherheit, sondern auch die Wortgewandtheit. Holzschlangen sind mächtige Redner, die durch gekonnte Formulierungen ihre Mitmenschen in den Bann ziehen.

Im Klartext: Guido quasselt sich in die Herzen seiner Fans. Und das schon seit dem allerersten Wort vor rund 50 Jahren!

Guido schneidert sich die Zukunft

Der 11. Mai 2015 ist ein Montag. Im Radio wird der frühere Nummer-1-Hit »Downtown« von Petula Clark im Oldie-Sender gespielt. Salvador Dalí feiert oben im Himmel inzwischen seinen 111. Geburtstag, Guido etwas tiefer unten in Berlin seinen 50. Obwohl »feiern« nicht das richtige Wort ist. »Ich muss ehrlich sagen, ich bin kein Geburtstagshase. Ich springe nicht gerne aus einer Torte und ich bekomme nicht gerne Geschenke«[29], gesteht er. Er lässt sich auch nicht gerne dafür bejubeln, dass er eigentlich nichts leistet, außer ein Jahr älter zu werden. Schon als Kind hat sein Ehrentag für ihn selbst keine große Bedeutung. Nur eines macht er bis heute jedes Jahr am 11. Mai – auch an diesem Montag. Er ruft seine Mutter Marianne an und bedankt sich bei ihr. Schließlich hat sie ihn ja zur Welt gebracht. Und ganz ohne Party geht es dann doch nicht. Guido hat eine große Familie in Westfalen und »die ist feiersüchtig ...«

Trotz seiner Abneigung gegen Geschenke freut er sich über ein Präsent jedes Jahr aufs Neue. Guido bekommt von seinem Frank nämlich immer einen großen Strauß Flieder geschenkt. Der Duft des Flieders wird schon von den Kelten als magisch beschrieben. Die Angehörigen dieser eisenzeitlichen Volksgruppe glauben, dass dieses süße, leicht ätherische Aroma die Menschen ins Feenland und in überirdische Welten transportieren kann. Guido liebt diesen bezaubernden Duft. Man sieht es bildhaft vor sich, wie der Designer mit seinem goldenen Näschen in die herrliche Blütenpracht eintaucht, kurz innehält und sich über sein eigenes – so märchenhaftes – Leben freut. Oft wird er gefragt, ob er eigentlich irgendetwas in seiner Vergangenheit bereue, ob er das Gefühl habe, etwas verpasst oder gar falsch gemacht zu haben. Guido kann diese Fragen mit absoluter Überzeugung verneinen. »Mein

Leben«, sagt er, »ist toll, so wie es ist, und das würde ich auch niemals ändern wollen.«[30]

Bis auf eine Sache vielleicht. Ein Geschenk, dass er neben seinem Hochdruckreiniger als das blödeste bezeichnet, das er jemals bekommen hat: eine Reisevase. »Ich wusste bis dahin nicht mal, dass es eine gibt«[31], erzählt er. Eine berühmte, sehr reiche Freundin hat ihm dieses kleine Monster überreicht. Bereits Wochen vor seinem Ehrentag schwärmt sie ihm von dieser tollen Überraschung vor. Selbst Geburtstagsmuffel Guido ist deswegen bereits völlig aus dem Häuschen. So groß ist seine Vorfreude. Und was entdeckt er schließlich völlig verwundert unter der Geschenkverpackung? Ebendiese Reisevase. Aus was für einer Puppenstube haben sie die denn jetzt geklaut?, fragt er sich still und leise. Bis heute sind dieses kleine Gefäß und er keine Freunde. Es liegt immer noch in irgendeiner Schublade und begleitet ihn nicht, wie gedacht, auf seinen Reisen. »Ich hoffe, meine Freundin, die für dieses bizarre Geburtstagsgeschenk verantwortlich ist, liest das jetzt«[32], scherzt er. Immerhin, sein Fliederstrauß ist Trost genug.

Und vielleicht auch die Tatsache, dass er mit seinen 50 Jahren noch fast faltenfrei in die Kameras lächelt und dazu noch volles Haar hat – auch wenn er sich über jede Menge »Bad Hair Days« beklagt. Guido hat Locken, jede Menge Locken. Wenn er sie wachsen lassen würde, sähe es aus wie eine Dauerwelle aus den Achtzigerjahren. Deshalb trägt er sein Haar kurz und lockenfrei, geht alle zwei Wochen zum Friseur. Oder zu seinem »Mr Head of Hair«, André Märtens, mit dem er seit Jahren eng in seinen Shows zusammenarbeitet. Ganz schlimm ist es für ihn im Winter, wenn er mit nassen Haaren aus dem Haus geht und sich eine seiner Kappen aufsetzt: »Wenn ich die abnehme, schiebt sich alles nach oben.« Dann hilft nur: neu waschen oder seine Mähne einfach mal durchdrehen lassen. Guido träumt davon, einmal so glatte Haare zu haben wie »Circus HalliGalli«-Star Joko Winterscheidt – die kann man dann so schön »werfen«. Oder hinters Ohr klemmen. Direkt neben seinen Zeichenstift.

Das volle Haar hat er den Genen seiner Eltern zu verdanken, das glatte Gesicht allerdings seinen vielen Helferchen, auf die der Fernsehliebling seit Jahren schwört. Er benutzt ein Aloe-Vera-Aftershave-Balsam, um die Haut zu beruhigen, eine Tagescreme mit Rosentonic und ein Mandelkleiepeeling. Außerdem wäscht er sich öfter am Tag das Gesicht. Das liegt daran, dass er stundenlang mit dickem Fernseh-Make-up herumsitzen muss. »HD ist schön für Tiersendungen, nicht für ältere Menschen«, findet Guido. Bei HD, also hochauflösendem Fernsehen, sieht man jede Pore und jedes Fältchen.

Weil wahre Schönheit aber bekanntermaßen von innen kommt, versucht Guido auch hier, ein wenig nachzuhelfen. Jeden Morgen zum Frühstück trinkt er einen frisch gemixten Smoothie aus Papaya und Birnen oder was gerade sonst im Haus ist. Also er trinkt, sein Frank mixt. »Und ich versuche, genug zu schlafen«, sagt Guido. Natürlich wie immer mit einem Stückchen Baumwolle zwischen den Fingern.

Guido jammert in puncto Altern allerdings auf sehr hohem Niveau. Optisch gesehen, geht er locker als Anfang 40 durch. Er fühlt sich auch vom Kopf her noch längst nicht wie ein 50-Jähriger und findet in der Tat, dass er sich eigentlich ganz gut gehalten hat. In einem gemeinsamen Interview mit Barbara Schöneberger erklärt er: »Im guten deutschen Durchschnitt sind wir doch beide echt super.«[33] Zumindest äußerlich. Denn das eine oder andere Zipperlein kann er leider nicht mehr leugnen. Der Designer spürt die Jahre der Schufterei mehr und mehr in den Knochen und merkt körperlich, dass er langsam, aber sicher einfach älter wird. Vor allem wenn er wieder einmal versucht, im Garten seine schweren Skulpturen von A nach B zu wuchten oder große Blumenballen alleine einzupflanzen. Früher ist das nie ein Problem gewesen. Heute muss er schon mal um Hilfe rufen. »Hallo, hier ist ein Guido in Not!«

Älter werden oder, besser gesagt, nicht älter zu werden – das ist für Menschen, die permanent im Rampenlicht stehen, grundsätzlich ein sensibles Thema. Die meisten haben nicht den Mut dazu, in Würde und ohne Schönheitsoperationen zu altern. Dass sie sich dabei in aller Regel selbst verunstalten, kann Guido überhaupt nicht nachvollziehen. Jeden Tag begegnen ihm Negativbeispiele. Ständig sieht er Frauen nackt, sieht dabei so viele schlecht gemachte Bäuche, »so versaute Ärsche«, wie er es nennt, dass es ihn gruselt. Für ihn ist sein Ehemann Frank Mutters, der zehn Jahre älter ist als er, das beste Vorbild dafür, dass Älterwerden nicht das Ende bedeutet: »Weil der so toll aussieht, habe ich keine Angst vorm Altwerden. Nur davor, richtig alt zu sein, vor der Zeit im Altersheim.«[34]

Aber bis es so weit ist – falls er überhaupt je in ein Heim muss –, hat er noch einiges vor. Guido plant nämlich, seinen ersten Shop in Berlin zu eröffnen. Eine Art »Flagship-Store«, in dem die Laufkundschaft sich mit seinen Kreationen eindecken kann. Zwei Locations hat er sich bereits angesehen, eine im Westen und eine im Osten der Stadt. Am liebsten möchte er beide haben. Entschieden hat er sich zumindest bis heute nicht.

Was vielleicht auch daran liegt, dass er inzwischen seinen ersten Onlineshop auf den Weg gebracht hat. Guido selbst ist ein begeisterter Onlineshopper. Bei einer Tasse Tee surft er stundenlang durch das Netz, kauft hier ein Buch, entdeckt dort einen schönen Schal. Sogar frische Lebensmittel bezieht er per Mausklick, wenn ihm danach ist. »Mittlerweile bin ich in diesem Gebiet ein echter Profi«, erzählt er. Tatsächlich tauscht er so gut wie nie irgendetwas um. Falls er doch einmal etwas bestellt, das weder ihm noch seinem Frank passt, dann gibt es meist in seinem Freundeskreis jemanden, der sich über ein kleines Geschenk freut. Und weil er ebendiese Shoppingtouren durch das World Wide Web so sehr genießt, will er dieses Erlebnis auch seinen Fans ermöglichen. Schon deshalb, weil viele Frauen ihm geschrieben haben, dass sie seine Mode nirgendwo erwerben können. Auf dem Land sind seine Kleider schließlich nicht erhältlich. Selbst in den Großstädten führen nur wenige Boutiquen seine Kollektionen. Da bleibt nur das Internet.

In seinem Onlineshop gibt es eine eigens entworfene Zweitlinie mit dem Namen »Guido Maria Kretschmer Online Collection«, die für alle Kundinnen erschwinglich ist. »Ich bin so glücklich, dass sich damit jede Frau in jedem Alter schmücken kann«[35], freut sich der Designer. Die Preise reichen von 39 bis 369 Euro – es also für jeden Geldbeutel etwas dabei. Vor schlechter Qualität braucht sich dabei trotzdem niemand zu fürchten. Guido versichert, dass er jedes Shirt, jede Bluse und jede Hose in Europa produzieren lässt. »Günstige Mode muss nicht immer gleich schlecht sein«, betont Guido. Seine persönlichen Lieblingsstücke sind übrigens der elegante Overall, das schicke Lederkleid und der süße Blouson. Insgesamt umfasst die Kollektion 70 Teile.

Und noch ein Projekt steht auf Guidos persönlicher To-do-Liste. Zusammen mit LR Health & Beauty bringt er ein Parfüm auf den Markt, das er in Zusammenarbeit mit dem Unternehmen passend zu seiner Kollektion entwickelt. Damit reiht sich Guido in die Liste von Prominenten wie Bruce Willis, Karolina Kurkova oder Heidi Klum ein, die bereits einen exklusiven Duft mit LR entworfen haben. Nach Guidos Ansicht gehören Mode und Düfte zusammen: »Ähnlich wie die Art, sich zu kleiden, sagt auch ein Duft viel über die Persönlichkeit eines Menschen aus.«[36] Egal, wie das Parfüm tatsächlich riecht, eines ist sicher: Es wird ein echter Guido!

Die Guido-Welle, sie entwickelt sich in der Tat mehr und mehr zu einem echten Tsunami. Ohne dass ein Ende in Sicht ist. Nur eines fehlt noch in seinem Repertoire: ein eigener Feiertag! Der Designer würde gerne noch ein paar Feiertage ins Jahr bringen, insbesondere einen Guido-Maria-Kretschmer-Tag, an dem alle von morgens bis abends einkaufen dürfen. Vom Staat würde dann jeder jährlich 50 Euro bekommen. Natürlich stilecht in einem Geldumschlag à la »Shopping Queen«.

Ein Guido-Feiertag? Es wäre ihm zuzutrauen. Wenn irgendjemandem, dann ihm.

»Guido hat eine enorme Energie, die ihn immer wieder treibt«[37], bestätigt seine Freundin Katharina Thalbach. Es ist diese Lust am Machen, am Ausprobieren, »am Gucken, wie viel Kreativität in einem drin ist. Da ist er einfach unerschöpflich«[38], ergänzt seine Trauzeugin Christine Westermann. Und diese Lust ist ungebrochen. Guido weiß schon länger, dass er wieder auf die Reise muss, wie er selbst sagt. Dass er etwas Neues machen muss. Auch wenn es gut läuft und er sich entspannt zurücklehnen könnte, er kann und will einfach nicht still sitzen. »Ich bin in diesem Leben nicht dazu geboren, mich hinzusetzen und zuzugucken«[39], betont er.

Angst vor Fehltritten oder Fehlentscheidungen, was neue Investitionen betrifft, hat er dabei keine. Der Weg zum Ziel führt schließlich nicht immer geradeaus, auch Umwege können sich rückblickend als sinnvoll erweisen. Der Designer hat die Erfahrung gemacht, dass auch Misserfolge etwas sehr konstruktives haben können. Fehler zu machen, sei menschlich. Wenn man weiß, woran es liegt. Macht man es beim nächsten Mal einfach anders. Die beste Methode, so lautet Guidos Credo, ist immer noch, aus Rückschlägen zu lernen und zu versuchen, sich nicht unterkriegen zu lassen. Viel wichtiger ist es nach Ansicht des Designers, sich auf dem Weg zu seinen Zielen ab und zu auch etwas zu gönnen. Selbst kleine Erfolge sollte man sich selbst immer hoch anrechnen und auch mal stolz auf sich sein. »Ich finde, das sind wir viel zu selten«, meint Guido. Doch genau das gibt neue Motivation und sorgt dafür, dass bei allem Ehrgeiz auch das Glücklichsein nicht auf der Strecke bleibt. Was guttut, muss allerdings jeder selbst für sich herausfinden. Sein eigenes Glücksmotto verfolgt Guido bis heute. »Ich wollte nie reich oder berühmt sein«, sagt er, »sondern immer nur frei.«[40]

Diese Freiheit kann ihm niemand nehmen. Fragt man ihn, was er tun würde, wenn plötzlich der ganze Trubel vorbei wäre, wenn »Shopping Queen« abgesetzt würde, seine Firma pleiteginge und er nicht mehr so erfolgreich und beliebt wäre wie jetzt – was würde Guido tun?

»Der Frank wäre wahrscheinlich froh darüber«, lächelt Guido voller Überzeugung. Und Frank Mutters ergänzt: »... dann können wir endlich unsere Häuser verkaufen und wieder in den Bulli ziehen.«[41]

Auszeichnungen (Auswahl):

2002: Gewinner des World of TUI Design Award für das Designkonzept »Sand, Sea and Sky«

2008: Nachwuchsdesigner des Jahres anlässlich des »New Faces Award« der Zeitschrift »Bunte«

2009: Gewinner des IFA Design Award in München

2009: Gewinner des Telekom Corporate Fashion Award

2014: Gewinner der Goldenen Kamera in der Kategorie »Beste Unterhaltung«

2014: Gewinner der Romy in der Kategorie »Bester Moderator/Unterhaltung«

2014: Deutscher Fernsehpreis in der Kategorie »Bestes Dokutainment« für »Shopping Queen«

2014: Goldene Henne in der Kategorie »Moderation«

Quellenangaben

Vorwort und Kapitel 1

1. »Prominent mit Hund und einer Katze: 25 emotionale Porträts«, Becker Joest Volk Verlag (Stand: 22.09.2014)
2. »Prominent! – Das Guido Maria Kretschmer-Spezial«, Vox, (Sendung vom 01.09.2013)
3. »Prominent! – Das Guido Maria Kretschmer-Spezial«, Vox (Sendung vom 01.09.2013)
4. Die Welt, »Sind Sie wirklich immer so nett, Herr Kretschmer?«, vom 21.01.2014, http://www.welt.de/icon/article124065706/Sind-Sie-wirklich-immer-so-nett-Herr-Kretschmer.html (Stand: 18.04.2015)
5. Inas Nacht, »Hunde-Psychiater trifft Mode-Macher«, NDR (Sendung vom 12.04.2014)
6. Die Welt, »Mit fünf Jacken für Udo Lindenberg fing alles an«, vom 24.08.2008, http://www.welt.de/welt_print/article1932980/Mit-fuenf-Jacken-fuer-Udo-Lindenberg-fing-alles-an.html (Stand: 18.04.2015)
7. »Prominent! – Das Guido Maria Kretschmer-Spezial«, Vox (Sendung vom 01.09.2013)
8. Die Welt, »Mit fünf Jacken für Udo Lindenberg fing alles an«, vom 24.08.2008, http://www.welt.de/welt_print/article1932980/Mit-fuenf-Jacken-fuer-Udo-Lindenberg-fing-alles-an.html (Stand: 18.04.2015)
9. »Prominent! – Das Guido Maria Kretschmer-Spezial«, Vox (Sendung vom 01.09.2013)
10. Der Tagesspiegel, »Der Mann, der die Frauen anzieht«, vom 15.01.2014, http://www.tagesspiegel.de/weltspiegel/sonntag/guido-maria-kretschmer-der-mann-der-die-frauen-anzieht/9315934.html (Stand: 18.04.2015)
11. Die Welt, »Mit fünf Jacken für Udo Lindenberg fing alles an«, vom 24.08.2008, http://www.welt.de/welt_print/article1932980/Mit-fuenf-Jacken-fuer-Udo-Lindenberg-fing-alles-an.html (Stand: 18.04.2015)
12. »Prominent! – Das Guido Maria Kretschmer-Spezial«, Vox (Sendung vom 01.09.2013)
13. Die Welt, »Dieser Kretschmer zieht die Stars an«, vom 25.04.2008, http://www.welt.de/lifestyle/article1938295/Dieser-Kretschmer-zieht-die-Stars-an.html (Stand: 18.04.2015)
14. »Prominent! – Das Guido Maria Kretschmer-Spezial«, Vox (Sendung vom 01.09.2013)
15. Inas Nacht, »Hunde-Psychiater trifft Mode-Macher«, NDR (Sendung vom 12.04.2014)
16. NDR Talk Show, 699. Ausgabe, vom 10.06.2013, https://www.youtube.com/watch?v=0eTn7ODzS_Y (Stand: 18.04.2015)
17. »Eine Bluse macht noch keinen Sommer: Geschichten aus dem Kleiderschrank«, Edel Germany, (Stand: 14.11.2014)
18. Express.de, »Guido Maria Kretschmer: Auf den Hund gekommen«, vom 14.10.2014, http://www.express.de/promi-show/private-einblicke-guido-maria-kretschmer--auf-den-hund-gekommen,2186,28734056.html (Stand: 18.04.2015)
19. Inas Nacht, »Hunde-Psychiater trifft Mode-Macher«, NDR (Sendung vom 12.04.2014)

20. musterhaus küchen Deutschland, »Eine Küche muss wie eine Handtasche sein«, http://www.musterhauskuechen.de/aktuelles/was-gibt-es-neues/kuechen-aktuell/eine-kueche-muss-wie-eine-handtasche-sein/ (Stand: 18.04.2015)

21. Bunte.de, »Kochen ist seine Leidenschaft«, http://www.bunte.de/videos/138616561430142013120%kretschmeressenmp4.html (Stand: 18.04.2015)

22. Der Tagesspiegel, »Der Mann, der die Frauen anzieht«, vom 15.01.2014, http://www.tagesspiegel.de/weltspiegel/sonntag/guido-maria-kretschmer-der-mann-der-die-frauen-anzieht/9315934.html (Stand: 18.04.2015)

23. Deutschlands schönste Frau, Folge 3, RTL (Sendung vom 25.02.2015)

24. Inas Nacht, »Hunde-Psychiater trifft Mode-Macher«, NDR (Sendung vom 12.04.2014)

25. Grazia-Magazin.de, »Weihnachten mit Guido Maria Kretschmer, vom 19.12.2014, http://www.grazia-magazin.de/hot-stories/weihnachten-mit-guido-maria-kretschmer-13094.html (Stand: 18.04.2015)

26. Grazia-Magazin.de, »Weihnachten mit Guido Maria Kretschmer, vom 19.12.2014, http://www.grazia-magazin.de/hot-stories/weihnachten-mit-guido-maria-kretschmer-13094.html (Stand: 18.04.2015)

27. Bunte.de, »Ich habe auch schon selbst gestrickt«, vom 12.12.2014, http://www.bunte.de/mode-stil/guido-maria-kretschmer-ich-habe-auch-schon-selbst-gestrickt-113149.html (Stand: 18.04.2015)

28. Grazia-Magazin.de, »Weihnachten mit Guido Maria Kretschmer, vom 19.12.2014, http://www.grazia-magazin.de/hot-stories/weihnachten-mit-guido-maria-kretschmer-13094.html (Stand: 18.04.2015)

Kapitel 2

1. obs/Danone GmbH Deutschland/Nicolas Kantor, »Guido Maria Kretschmer und Actimel sagen zum Muttertag Danke«, vom 07.05.2014, http://www.presseportal.de/pm/8843/2730071/guido-maria-kretschmer-und-actimel-sagen-zum-muttertag-danke (Stand: 18.04.2015)

2. Kölner Treff, »Modemacher, Schauspieler und Musiker...«, WDR, vom 19.12.2014, http://www1.wdr.de/mediathek/video/sendungen/koelner_treff/videokoelnertreff-modemacherschauspielerundmusiker100.html (Stand: 18.04.2015)

3. Gala.de, »Tolerante Mutter«, vom 13.05.2014, http://www.gala.de/stars/news/newsfeed/guido-maria-kretschmer-tolerante-mutter_1091233.html (Stand: 18.04.2015)

4. Express.de, »Seine Eltern sind sein größter Schatz«, vom 09.11.2014, http://www.express.de/promi-show/guido-maria-kretschmer-seine-eltern-sind-sein-groesster-schatz,2186,28996372.html (Stand: 18.04.2015)

5. Vox.de, »Guido Maria Kretschmer über die schlimmste Nacht seines Lebens«, vom 17.11.2014, http://www.vox.de/medien/sendungen/shopping-queen/42820-2056c7-ad47-11/guido-maria-kretschmer-ueber-die-schlimmste-nacht-seines-lebens.html (Stand: 18.04.2015)

6. »Markus Lanz«, ZDF, Sendung vom 17.12.2014

7. »Markus Lanz«, ZDF, Sendung vom 17.12.2014

8. »Markus Lanz«, ZDF, Sendung vom 17.12.2014

9. »Markus Lanz«, ZDF, Sendung vom 17.12.2014
10. BZ-Berlin.de, »So reagierte meine Mama auf mein Outing«, vom 12.05.2014, http://www.bz-berlin.de/berlin/so-reagierte-meine-mama-auf-mein-outing (Stand: 18.04.2015)
11. frankmutters.de, Vorwort vom 01.01.2008, http://www.frankmutters.de/img/presse-14-0.pdf (Stand: 18.04.2015)
12. frankmutters.de, Vorwort vom 01.01.2008, http://www.frankmutters.de/img/presse-14-0.pdf (Stand: 18.04.2015)
13. frankmutters.de, Vorwort vom 01.01.2008, http://www.frankmutters.de/img/presse-14-0.pdf (Stand: 18.04.2015)
14. Amica, »Mein Mann muss tragen, was ich schön finde«, vom 26.02.2014, http://www.amica.de/mode/stars_designer/guido-maria-kretschmer-mein-mann-muss-tragen-was-ich-schoen-finde_id_3642062.html (Stand: 18.04.2015)
15. Frauenzimmer.de, »Guido Maria Kretschmer und Frank Mutters im Liebesinterview«, vom 19.02.2014, http://www.frauenzimmer.de/cms/liebe-singles/guido-maria-kretschmer-und-frank-mutters-im-liebesinterview-38064-9f93-33-1809731.html (Stand: 18.04.2015)
16. Stern.de, »Es war sofort um mich geschehen«, vom 11.02.2015, http://www.stern.de/lifestyle/leute/deutschlands-schoenste-frau-startet-bei-rtl-2171687.html (Stand: 18.04.2015)
17. Gala.de, »Ich bin vollgetankt mit Liebe«, vom 26.07.2013, http://www.gala.de/lifestyle/kultur/tv/guido-maria-kretschmer-ich-bin-vollgetankt-mit-liebe_961977.html (Stand: 18.04.2015)
18. Freundin.de, »Ich bin der totale Kartoffel-Typ«, vom 05.02.2014, http://www.freundin.de/kochen-diaet-interview-ich-bin-der-totale-kartoffel-typ-173083.html (Stand: 18.04.2015)
19. Frauenzimmer.de, »Guido Maria Kretschmer und Frank Mutters im Liebesinterview«, vom 19.02.2014, http://www.frauenzimmer.de/cms/liebe-singles/guido-maria-kretschmer-und-frank-mutters-im-liebesinterview-38064-9f93-33-1809731.html (Stand: 18.04.2015)
20. Vip.de, »Guido Maria Kretschmer: Diese Rituale geben ihm Kraft«, vom 14.10.2014, http://www.vip.de/cms/guido-maria-kretschmer-diese-rituale-geben-ihm-kraft-4120e-c8ef-21-2080403.html (Stand: 18.04.2015)
21. Zimmer frei, Folge 632, Sendung vom 02.02.2014, WDR, http://www.bz berlin.de/kultur/fernsehen/guido-maria-kretschmer-weinte-liebestraenen (Stand: 18.04.2015)
22. »Prominent! – Das Guido Maria Kretschmer-Spezial«, Vox (Sendung vom 01.09.2013)
23. OK-Magazin.de, »Frank ist der feinste Mensch: Das Liebesgeheimnis von Guido Maria Kretschmer«, http://www.ok-magazin.de/frank-ist-der-feinste-mensch-das-liebesgeheimnis-von-guido-maria-kretschmer-29476.html (Stand: 18.04.2015)
24. T-Online.de, »Ich wäre dauerschwanger, wenn ich könnte«, vom 20.02.2014, http://www.t-online.de/unterhaltung/stars/id_68158596/guido-maria-kretschmer-ich-waere-dauerschwanger-wenn-ich-koennte-.html (Stand: 18.04.2015)
25. T-Online.de, »Ich wäre dauerschwanger, wenn ich könnte«, vom 20.02.2014, http://www.t-online.de/unterhaltung/stars/id_68158596/guido-maria-kretschmer-ich-waere-dauerschwanger-wenn-ich-koennte-.html (Stand: 18.04.2015)
26. Erdbeerlounge.de, »Guido Maria Kretschmer: Berühmt sein ist nicht alles!«, vom 17.10.2013, http://www.erdbeerlounge.de/stars-entertainment/Guido-Maria-Kretschmer-Beruehmt-sein-ist-nicht-alles-35208/ (Stand: 18.04.2015)

27. Bild.de, »Ich hätte gerne eine Gebärmutter, http://www.bild.de/video/clip/guido-maria-kretschmer/guido-marias-kinderwunsch-ich-haette-gerne-eine-gebaermutter-38072858.bild.html (Stand: 18.04.2015)

28. Gala.de, »Ich bin vollgetankt mit Liebe«, vom 26.07.2013, http://www.gala.de/lifestyle/kultur/tv/guido-maria-kretschmer-ich-bin-vollgetankt-mit-liebe_961977.html (Stand: 18.04.2015)

29. Legal Tribune Online, »Österreichischer VfGH kippt Adoptionsverbot«, vom 14.01.2015, http://www.lto.de/recht/nachrichten/n/vfgh-oesterreich-adoption-gleichgeschlechtliche-paare/ (Stand: 18.04.2015)

30. »Prominent mit Hund und einer Katze: 25 emotionale Porträts«, Becker Joest Volk Verlag (Stand: 22.09.2014)

31. »Prominent mit Hund und einer Katze: 25 emotionale Porträts«, Becker Joest Volk Verlag (Stand: 22.09.2014)

32. Inas Nacht, »Hunde-Psychiater trifft Mode-Macher«, NDR (Sendung vom 12.04.2014)

33. Express.de, »Guido Maria Kretschmer: Auf den Hund gekommen«, vom 14.10.2014, http://www.express.de/promi-show/private-einblicke-guido-maria-kretschmer--auf-den-hund-gekommen,2186,28734056.html (Stand: 18.04.2015)

34. Inas Nacht, »Hunde-Psychiater trifft Mode-Macher«, NDR (Sendung vom 12.04.2014)

35. Die Welt, »Ich bin keine Primadonna«, vom 20.11.2014, http://www.welt.de/regionales/berlin/article134546640/Ich-bin-keine-Primadonna.html (Stand: 18.04.2015)

36. Die Welt, »Ich musste eine Freundschaft kündigen«, vom 23.07.2014, http://www.welt.de/icon/article130435859/Ich-musste-eine-Freundschaft-kuendigen.html (Stand: 18.04.2015)

37. »Prominent mit Hund und einer Katze: 25 emotionale Porträts«, Becker Joest Volk Verlag (Stand: 22.09.2014)

38. Die Welt, »Ich musste eine Freundschaft kündigen«, vom 23.07.2014, http://www.welt.de/icon/article130435859/Ich-musste-eine-Freundschaft-kuendigen.html (Stand: 18.04.2015)

39. »Prominent mit Hund und einer Katze: 25 emotionale Porträts«, Becker Joest Volk Verlag (Stand: 22.09.2014)

40. MallorcaHEUTE, »Guido Maria Kretschmer Homestory«, Ausgabe Juni 2010

41. Bunte.de, »Er zeigt seine Finca auf Mallorca«, vom 02.09.2013, http://www.bunte.de/panorama/guido-maria-kretschmer-er-zeigt-seine-finca-auf-mallorca-52590.html (Stand: 18.04.2015)

42. »Prominent! – Das Guido Maria Kretschmer-Spezial«, Vox (Sendung vom 01.09.2013)

43. »Prominent! – Das Guido Maria Kretschmer-Spezial«, Vox (Sendung vom 01.09.2013)

44. »Prominent! – Das Guido Maria Kretschmer-Spezial«, Vox (Sendung vom 01.09.2013)

45. couch-mag.de, »Guido Maria Kretschmer über Möbel und Design«, http://www.couch-mag.de/guido-maria-kretschmer-%C3%83%C2%BCber-m%C3%83%C2%B6bel-und-design-65427 (Stand: 18.04.2015)

46. couch-mag.de, »Guido Maria Kretschmer über Möbel und Design«, http://www.couch-mag.de/guido-maria-kretschmer-%C3%83%C2%BCber-m%C3%83%C2%B6bel-und-design-65427 (Stand: 18.04.2015)

47. couch-mag.de, »Guido Maria Kretschmer über Möbel und Design«, http://www.couch-mag.de/guido-maria-kretschmer-%C3%83%C2%BCber-m%C3%83%C2%B6bel-und-design-65427 (Stand: 18.04.2015)
48. couch-mag.de, »Guido Maria Kretschmer über Möbel und Design«, http://www.couch-mag.de/guido-maria-kretschmer-%C3%83%C2%BCber-m%C3%83%C2%B6bel-und-design-65427 (Stand: 18.04.2015)

Kapitel 3

1. OK-Magazine.de, »Guido Maria Kretschmer: Frauen müssen nicht schlank, aber gepflegt sein«, http://www.ok-magazin.de/guido-maria-kretschmer-frauen-muessen-nicht-schlank-aber-gepflegt-sein-31949.html (Stand: 18.04.2015)
2. GQ, »Sexy Selbstbewusstsein«, http://www.gq-magazin.de/unterhaltung/stars/guido-maria-kretschmer-wir-sind-textil-emanzipiert/guido-maria-kretschmer-sexy-selbstbewusstsein (Stand: 18.04.2015)
3. RTL, »Deutschlands schönste Frau: Guido Maria Kretschmer verrät, was die Zuschauer erwartet«, vom 10.02.2015, http://www.rtl.de/cms/sendungen/show/deutschlands-schoenste-frau/deutschlands-schoenste-frau-guido-maria-kretschmer-verraet-was-die-zuschauer-erwartet-44a09-cba4-50-2161229.html (Stand: 18.04.2015)
4. GQ, »Wir sind textil emanzipiert«, http://www.gq-magazin.de/unterhaltung/stars/guido-maria-kretschmer-wir-sind-textil-emanzipiert (Stand: 18.04.2015)
5. GQ, »Wir sind textil emanzipiert«, http://www.gq-magazin.de/unterhaltung/stars/guido-maria-kretschmer-wir-sind-textil-emanzipiert (Stand: 18.04.2015)
6. FÜR SIE, »Interview: Guido Maria Kretschmer«, http://www.fuersie.de/lifestyle/stars/artikel/guido-maria-kretschmer-interview (Stand: 18.04.2015)
7. FÜR SIE, »Interview: Guido Maria Kretschmer«, http://www.fuersie.de/lifestyle/stars/artikel/guido-maria-kretschmer-interview (Stand: 18.04.2015)
8. FÜR SIE, »Interview: Guido Maria Kretschmer«, http://www.fuersie.de/lifestyle/stars/artikel/guido-maria-kretschmer-interview (Stand: 18.04.2015)
9. FÜR SIE, »Interview: Guido Maria Kretschmer«, http://www.fuersie.de/lifestyle/stars/artikel/guido-maria-kretschmer-interview (Stand: 18.04.2015)
10. FÜR SIE, »Interview: Guido Maria Kretschmer«, http://www.fuersie.de/lifestyle/stars/artikel/guido-maria-kretschmer-interview (Stand: 18.04.2015)
11. AMCIA, »Du bist, was du trägst!«, http://www.amica.de/liebe-psychologie/tid-3926/die-psychologie-des-stils-du-bist-was-du-traegst_aid_12836.html (Stand: 18.04.2015)
12. »Eine Bluse macht noch keinen Sommer: Geschichten aus dem Kleiderschrank«, Edel Germany, (Stand: 14.11.2014)
13. frauenzimmer.de, »Guido Maria Kretschmer for Högl: Designer präsentiert Schuhkollektion«, vom 14.03.2014, http://www.frauenzimmer.de/cms/mode-beauty/guido-maria-kretschmer/guido-maria-kretschmer-for-hoegl-designer-praesentiert-schuhkollektion-38fa1-bf6f-13-1837047.html (Stand: 18.04.2015)
14. Bild der Frau, »Guido Maria Kretschmer: Diese Basics gehören in jeden Kleiderschrank«, http://www.bildderfrau.de/mode-stilberatung/mode-basics-tipps-guido-maria-kretschmer-d59125c660632.html (Stand: 18.04.2015)

15. Bild der Frau, »Guido Maria Kretschmer: Diese Basics gehören in jeden Kleiderschrank«, http://www.bildderfrau.de/mode-stilberatung/mode-basics-tipps-guido-maria-kretschmer-d59125c660632.html (Stand: 18.04.2015)
16. Stylebook, »10 Fashion-Regeln von Guido Maria Kretschmer«, vom 13.11.2014, http://www.stylebook.de/fashion/Guido-Maria-Kretschmer-Seine-10-Fashion-Regeln-564310.html (Stand: 18.04.2015)
17. »Anziehungskraft: Stil kennt keine Größe«, Edel Germany, (Stand: 05.10.2013)
18. frauenzimmer.de, »Guido Maria Kretschmer: Jede Frau kann sexy Dessous tragen«, vom 05.05.2014, http://www.frauenzimmer.de/cms/mode-beauty/guido-maria-kretschmer/guido-maria-kretschmer-jede-frau-kann-sexy-dessous-tragen-3ae8f-bf6f-57-1895204.html (Stand: 18.04.2015)
19. gofeminin, »Guido Maria Kretschmer: Jeder Busen braucht eine gute Verpackung«, vom 09.05.2014, http://www.gofeminin.de/styling-tipps/guido-maria-kretschmer-waesche-s418277.html (Stand: 18.04.2015)
20. Triumph, »Guido Maria Kretschmer für Triumph: Pressemitteilung«, http://www.triumph.com/de/de/7707.html (Stand: 18.04.2015)
21. gofeminin, »Guido Maria Kretschmer: Jeder Busen braucht eine gute Verpackung«, vom 09.05.2014, http://www.gofeminin.de/styling-tipps/guido-maria-kretschmer-waesche-s418277.html (Stand: 18.04.2015)
22. Stylebook, »Bauchtaschen bitte nur ohne Bauch!«, http://www.stylebook.de/stars/Guido-Maria-Kretschmer-gibt-Tipps-fuer-die-richtige-Tasche-546680.html (Stand: 18.04.2015)
23. OK-Magazine.de, »Guido Maria Kretschmer - Ich schlafe auf meiner Handtasche«, http://www.ok-magazin.de/people/interview/20911/guido-maria-kretschmer-ich-schlafe-auf-meiner-handtasche (Stand: 18.04.2015)
24. Stylebook, »Bauchtaschen bitte nur ohne Bauch!«, http://www.stylebook.de/stars/Guido-Maria-Kretschmer-gibt-Tipps-fuer-die-richtige-Tasche-546680.html (Stand: 18.04.2015)
25. Stylebook, »Bauchtaschen bitte nur ohne Bauch!«, http://www.stylebook.de/stars/Guido-Maria-Kretschmer-gibt-Tipps-fuer-die-richtige-Tasche-546680.html (Stand: 18.04.2015)
26. Stylebook, »Bauchtaschen bitte nur ohne Bauch!«, http://www.stylebook.de/stars/Guido-Maria-Kretschmer-gibt-Tipps-fuer-die-richtige-Tasche-546680.html (Stand: 18.04.2015)
27. RTL, »Deutschlands schönste Frau: Guido Maria Kretschmer verrät, was die Zuschauer erwartet«, vom 10.02.2015, http://www.rtl.de/cms/sendungen/show/deutschlands-schoenste-frau/deutschlands-schoenste-frau-guido-maria-kretschmer-verraet-was-die-zuschauer-erwartet-44a09-cba4-50-2161229.html (Stand: 18.04.2015)
28. RTL, »Deutschlands schönste Frau: Guido Maria Kretschmer verrät, was die Zuschauer erwartet«, vom 10.02.2015, http://www.rtl.de/cms/sendungen/show/deutschlands-schoenste-frau/deutschlands-schoenste-frau-guido-maria-kretschmer-verraet-was-die-zuschauer-erwartet-44a09-cba4-50-2161229.html (Stand: 18.04.2015)
29. GQ, »Naomi ist pure Weiblichkeit«, http://www.gq-magazin.de/unterhaltung/stars/guido-maria-kretschmer-wir-sind-textil-emanzipiert/guido-maria-kretschmer-naomi-ist-pure-weiblichkeit (Stand: 18.04.2015)
30. GQ, »Naomi ist pure Weiblichkeit«, http://www.gq-magazin.de/unterhaltung/stars/guido-maria-kretschmer-wir-sind-textil-emanzipiert/guido-maria-kretschmer-naomi-ist-pure-weiblichkeit (Stand: 18.04.2015)
31. »Anziehungskraft: Stil kennt keine Größe«, Edel Germany, (Stand: 05.10.2013)

Quellenangaben 183

32. Inas Nacht, »Hunde-Psychiater trifft Mode-Macher«, NDR (Sendung vom 12.04.2014)
33. Süddeutsche Zeitung, »Ach, ist sie nicht eine süße Maus«, vom 05.07.2014, http://www.sueddeutsche.de/medien/modedesigner-guido-maria-kretschmer-einer-fuer-alle-1.2030876-2 (Stand: 18.04.2015)
34. Inas Nacht, »Hunde-Psychiater trifft Mode-Macher«, NDR (Sendung vom 12.04.2014)
35. »Anziehungskraft: Stil kennt keine Größe«, Edel Germany, (Stand: 05.10.2013)

Kapitel 4

1. Shopping Queen, Motto in Düsseldorf: »Stylisch durch den Winter«, Tag 5: Claudia, Sendung vom 27.02.2015
2. »Prominent! – Das Guido Maria Kretschmer-Spezial«, Vox, (Sendung vom 01.09.2013)
3. WAZ, Der Westen.de, »Nicht zu billig sexy! - 500 Folgen Shopping Queen«, http://www.derwesten.de/kultur/fernsehen/nicht-zu-billig-sexy-500-folgen-shopping-queen-id9783097.html (Stand: 18.04.2015)
4. vox.de, »Kretschmers beste Sprüche: Guido denkt über eine Samenspende nach«, vom 24.01.2014, http://www.vox.de/medien/sendungen/shopping-queen/36d9a-1b2049-ad47-27/kretschmers-beste-sprueche-guido-denkt-ueber-eine-samenspende-nach.html (Stand: 18.04.2015)
5. Inas Nacht, »Hunde-Psychiater trifft Mode-Macher«, NDR (Sendung vom 12.04.2014)
6. vox.de, »Shopping Queen: Die Jubiläumswoche zur 500. Folge«, http://kommunikation.vox.de/apps/services/download.cfm?file=%403%2BM%3D%23C2%2C-TQV^HIZ75%3B2%3DZ%25FN%24NAUNY]R4PZSWLBC%3F7T%20%0A (Stand: 18.04.2015)
7. Bunte.de, »Angie ist 'ne gute Hausfrau!«, vom 05.12.2013, http://www.bunte.de/tv-show/guido-maria-kretschmer-angie-ist-ne-gute-hausfrau-61807.html (Stand: 18.04.2015)
8. Constantin, https://de-de.facebook.com/constantinentertainment/posts/326308210767510 (Stand: 18.04.2015)
9. OK-Magazin.de, »Guido Maria Kretschmer zu OK!: ›Ich habe *Das Supertalent* entschleunigt‹«, vom 03.11.2014, http://www.ok-magazin.de/guido-maria-kretschmer-zu-ok-ich-habe-das-supertalent-entschleunigt-29937.html (Stand: 18.04.2015)
10. OK-Magazin.de, »Guido Maria Kretschmer zu OK!: ›Ich habe *Das Supertalent* entschleunigt‹«, vom 03.11.2014, http://www.ok-magazin.de/guido-maria-kretschmer-zu-ok-ich-habe-das-supertalent-entschleunigt-29937.html (Stand: 18.04.2015)
11. Schlagerplanet.de, »Dieter Bohlen privat: Alles über seine Kinder und Frauen«, http://www.schlagerplanet.com/news/promi-news/beziehung-liebe/dieter-bohlen-familie-seine-frauen-und-kinder_n2260.html (Stand: 18.04.2015)
12. Gala.de, »Dieter hat sich zurückgenommen«, vom 03.11.2014, http://www.gala.de/stars/news/newsfeed/guido-maria-kretschmer-dieter-hat-sich-zurueckgenommen_1168556.html (Stand: 18.04.2015)
13. Bild.de, »Dieter Bohlen: ›Das ist alles Gequake!‹«, vom 06.01.2012, http://www.bild.de/dsds/2012/dieter-bohlen/dsds-jury-chef-im-interview-ueber-seine-rivalen-21923984.bild.html (Stand: 18.04.2015)

14. Focus.de, »Guido Maria Kretschmer: ›Ich bin schon ein sehr emotionaler Mensch‹«, vom 25.08.2013, http://www.focus.de/kultur/vermischtes/guido-maria-kretschmer-guido-maria-kretschmer-ich-bin-schon-ein-sehr-emotionaler-mensch_aid_1081017.html (Stand: 18.04.2015)

15. Hamburger Abendblatt, »Bruce Darnell – der Sanfte an Bohlens Seite«, http://www.abendblatt.de/vermischtes/article107712020/Bruce-Darnell-der-Sanfte-an-Bohlens-Seite.html (Stand: 18.04.2015)

16. Stern.de, »Mit Depressionen kämpfe ich schon mein ganzes Leben«, vom 03.11.2010, http://www.stern.de/gesundheit/bruce-darnell-mit-depressionen-kaempfe-ich-schon-mein-ganzes-leben-1619901.html (Stand: 18.04.2015)

17. Hamburger Abendblatt, »Bruce Darnell – der Sanfte an Bohlens Seite«, http://www.abendblatt.de/vermischtes/article107712020/Bruce-Darnell-der-Sanfte-an-Bohlens-Seite.html (Stand: 18.04.2015)

18. Stern.de, »Mit Depressionen kämpfe ich schon mein ganzes Leben«, vom 03.11.2010, http://www.stern.de/gesundheit/bruce-darnell-mit-depressionen-kaempfe-ich-schon-mein-ganzes-leben-1619901.html (Stand: 18.04.2015)

19. Vip.de, »Lena Gercke spricht über ihre Hochzeitspläne mit Sami Khedira«, vom 28.10.2014, http://www.vip.de/cms/lena-gercke-spricht-ueber-ihre-hochzeitsplaene-mit-sami-khedira-4191a-c8ef-28-2093855.html (Stand: 18.04.2015)

20. Vip.de, »Lena Gercke spricht über ihre Hochzeitspläne mit Sami Khedira«, vom 28.10.2014, http://www.vip.de/cms/lena-gercke-spricht-ueber-ihre-hochzeitsplaene-mit-sami-khedira-4191a-c8ef-28-2093855.html (Stand: 18.04.2015)

21. RTL.de, »Das Supertalent 2014: Designer Guido Maria Kretschmer ist voller Lob für Lena Gerckes Outfits«, vom 13.10.2014, http://www.rtl.de/cms/sendungen/das-supertalent/news/das-supertalent-2014-designer-guido-maria-kretschmer-ist-voller-lob-fuer-lena-gerckes-outfits-40c79-6391-25-2069401.html (Stand: 18.04.2015)

22. RTL.de, »Das Supertalent 2013: Guido Maria Kretschmer über Dieter Bohlen«, vom 01.12.2013, http://www.rtl.de/cms/sendungen/das-supertalent/news/das-supertalent-2013-guido-maria-kretschmer-ueber-dieter-bohlen-34ecf-6391-14-1721856.html (Stand: 18.04.2015)

23. Freundin.de, »Seine besten Sprüche«, vom 03.11.2014, http://www.freundin.de/leben-kultur-guido-maria-kretschmer-seine-besten-sprueche-215321.html (Stand: 18.04.2015)

24. RTL, »Hotter Than My Daughter«, Folge vom 14.05.2015

25. RTL, »Hotter Than My Daughter«, Folge vom 14.05.2015

26. RTL, »Hotter Than My Daughter«, Folge vom 14.05.2015

27. RTL, »Hotter Than My Daughter«, Folge vom 14.05.2015

28. RTL, »Hotter Than My Daughter«, Folge vom 14.05.2015

29. RTL, »Hotter Than My Daughter«, Folge vom 14.05.2015

30. Bild.de, »Guido Maria Kretschmer kritisiert eigene TV-Show«, http://www.bild.de/unterhaltung/leute/hotter-than-my-daughter/guido-maria-kretschmer-kritisiert-eigene-show-36897960.bild.html (Stand: 18.04.2015)

31. Gala.de, »Verlässt er das Supertalent?«, vom 22.12.2014, http://www.gala.de/stars/news/guido-maria-kretschmer-verlaesst-er-das-supertalent_1190660.html (Stand: 18.04.2015)

Quellenangaben

32. RTL.de, »Deutschlands schönste Frau: Kandidatin Sam (30)«, vom 24.01.2015, http://www.rtl.de/cms/sendungen/show/deutschlands-schoenste-frau/deutschlands-schoenste-frau-kandidatinnen/deutschlands-schoenste-frau-kandidatin-sam-30-4472c-cba3-19-2177790.html (Stand: 18.04.2015)

33. inTouch, »Deutschlands schönste Frau: Verspielt sich Guido Maria Kretschmer Sympathien?«, vom 12.02.2015, http://intouch.wunderweib.de/stars/starnews/artikel-3479616-starnews/Deutschlands-schoenste-Frau-Verspielt-sich-Guido-Maria-Kretschmer-Sympathien.html (Stand: 18.04.2015)

34. Focus.de, »Kretschmer contra Klum: ›Suche kein Model, sondern eine Frau mit Stärken‹«, vom 11.02.2015, http://www.focus.de/kultur/kino_tv/designer-sucht-deutschlands-schoenste-frau-kretschmer-tritt-gegen-klum-an-neue-show-als-gegenentwurf_id_4469469.html (Stand: 18.04.2015)

35. Deutschlands schönste Frau, Folge 3, RTL (Sendung vom 25.02.2015)

36. Deutschlands schönste Frau, »Das große Familie«, RTL (Sendung vom 18.03.2015)

37. Bild.de, »Sie ist »Deutschlands schönste Frau«!, vom 18.03.2015, http://www.bild.de/unterhaltung/tv/deutschlands-schoenste-frau/das-grosse-finale-ramona-ist-die-siegerin-40212808.bild.html (Stand: 18.04.2015)

38. »Prominent! – Das Guido Maria Kretschmer-Spezial«, Vox, (Sendung vom 01.09.2013)

39. inTouch, »Guido Maria Kretschmer: Keine Angst vor Naomi«, http://intouch.wunderweib.de/stars/starnews/artikel-3007386-starnews/Guido-Maria-Kretschmer-Keine-Angst-vor-Naomi.html (Stand: 18.04.2015)

40. »Prominent! – Das Guido Maria Kretschmer-Spezial«, Vox, (Sendung vom 01.09.2013)

41. »Prominent! – Das Guido Maria Kretschmer-Spezial«, Vox, (Sendung vom 01.09.2013)

Kapitel 5

1. Die Welt, »Sind Sie wirklich immer so nett, Herr Kretschmer?«, vom 21.01.2014, http://www.welt.de/icon/article124065706/Sind-Sie-wirklich-immer-so-nett-Herr-Kretschmer.html (Stand: 18.04.2015)

2. Kurier.at, »Guido Maria Kretschmer: Ein bisschen Fernsehstar spielen«, 25.12.2014, http://kurier.at/menschen/international/guido-maria-kretschmer-wird-alles-zuviel/104.524.328 (Stand: 18.04.2015)

3. Der Tagesspiegel, »Der Mann, der die Frauen anzieht«, vom 15.01.2014, http://www.tagesspiegel.de/weltspiegel/sonntag/guido-maria-kretschmer-der-mann-der-die-frauen-anzieht/9315934.html (Stand: 18.04.2015)

4. »Prominent! – Das Guido Maria Kretschmer-Spezial«, Vox (Sendung vom 01.09.2013)

5. Die Welt, »Sind Sie wirklich immer so nett, Herr Kretschmer?«, vom 21.01.2014, http://www.welt.de/icon/article124065706/Sind-Sie-wirklich-immer-so-nett-Herr-Kretschmer.html (Stand: 18.04.2015)

6. Amica, »Karl und ich sind wahrscheinlich verwandt«, vom 05.09.2013, http://www.amica.de/mode/stars_designer/guido-maria-kretschmer-karl-und-ich-sind-wahrscheinlich-verwandt_id_3151959.html (Stand: 18.04.2015)

7. GQ, »Naomi ist pure Weiblichkeit«, http://www.gq-magazin.de/unterhaltung/stars/guido-maria-kretschmer-wir-sind-textil-emanzipiert/guido-maria-kretschmer-naomi-ist-pure-weiblichkeit (Stand: 18.04.2015)
8. Wikiquote, »Karl Lagerfeld«, http://de.wikiquote.org/wiki/Karl_Lagerfeld (Stand: 18.04.2015)
9. Bild.de, »Karls Kosmos«, vom 10.09.2013, http://www.bild.de/unterhaltung/leute/karl-lagerfeld/portraet-zum-80-geburtstag-31864754.bild.html (Stand: 18.04.2015)
10. Amica, »Karl und ich sind wahrscheinlich verwandt«, vom 05.09.2013, http://www.amica.de/mode/stars_designer/guido-maria-kretschmer-karl-und-ich-sind-wahrscheinlich-verwandt_id_3151959.html (Stand: 18.04.2015)
11. Amica, »Karl und ich sind wahrscheinlich verwandt«, vom 05.09.2013, http://www.amica.de/mode/stars_designer/guido-maria-kretschmer-karl-und-ich-sind-wahrscheinlich-verwandt_id_3151959.html (Stand: 18.04.2015)
12. FÜR SIE, »Interview: Guido Maria Kretschmer«, http://www.fuersie.de/lifestyle/stars/artikel/guido-maria-kretschmer-interview (Stand: 18.04.2015)
13. Die Welt, »Ich musste eine Freundschaft kündigen«, vom 23.07.2014, http://www.welt.de/icon/article130435859/Ich-musste-eine-Freundschaft-kuendigen.html (Stand: 18.04.2015)
14. Vip.de, »Guido Maria Kretschmer: Diäten sind nichts für den Modemacher«, vom 11.06.2014, http://www.vip.de/cms/guido-maria-kretschmer-diaeten-sind-nichts-fuer-den-modemacher-3c589-c8ef-71-1938020.html (Stand: 18.04.2015)
15. Die Welt, »Naomi Campbell riecht so gut - wie ein Raubtier!«, vom 27.09.2013, http://www.welt.de/vermischtes/prominente/article120441324/Naomi-Campbell-riecht-so-gut-wie-ein-Raubtier.html (Stand: 18.04.2015)
16. »Prominent! – Das Guido Maria Kretschmer-Spezial«, Vox (Sendung vom 01.09.2013)
17. FÜR SIE, »Wie entspannen Sie, Herr Kretschmer?«, http://www.fuersie.de/mode/mode-designer/artikel/interview-guido-maria-kretschmer-ueber-entspannung (Stand: 18.04.2015)
18. FÜR SIE, »Wie entspannen Sie, Herr Kretschmer?«, http://www.fuersie.de/mode/mode-designer/artikel/interview-guido-maria-kretschmer-ueber-entspannung (Stand: 18.04.2015)
19. FÜR SIE, »Wie entspannen Sie, Herr Kretschmer?«, http://www.fuersie.de/mode/mode-designer/artikel/interview-guido-maria-kretschmer-ueber-entspannung (Stand: 18.04.2015)
20. desired.de, »Sol y Sombra«: Guido Maria Kretschmer über seine Kollektion für den Sommer 2015«, vom 15.07.2014, http://www.desired.de/guido-maria-kretschmer-interview-ueber-die-kollektion-fuer-den-sommer-2015/id_70147422/index (Stand: 18.04.2015)
21. desired.de, »Sol y Sombra«: Guido Maria Kretschmer über seine Kollektion für den Sommer 2015«, vom 15.07.2014, http://www.desired.de/guido-maria-kretschmer-interview-ueber-die-kollektion-fuer-den-sommer-2015/id_70147422/index (Stand: 18.04.2015)
22. desired.de, »Sol y Sombra«: Guido Maria Kretschmer über seine Kollektion für den Sommer 2015«, vom 15.07.2014, http://www.desired.de/guido-maria-kretschmer-interview-ueber-die-kollektion-fuer-den-sommer-2015/id_70147422/index (Stand: 18.04.2015)

23. Schlaganfall-Hilfe, http://www.schlaganfall-hilfe.de/botschafter (Stand: 18.04.2015)
24. RTL, »Wir helfen Kindern-Pate Guido Maria Kretschmer«, vom 12.11.2013, http://www.rtl.de/cms/mein-rtl/rtl-wir-helfen-kindern/aktuelles/rtl-wir-helfen-kindern-pate-guido-maria-kretschmer-342a6-6f82-18-1697760.html (Stand: 18.04.2015)
25. RTL, »Wir helfen Kindern-Pate Guido Maria Kretschmer«, vom 12.11.2013, http://www.rtl.de/cms/mein-rtl/rtl-wir-helfen-kindern/aktuelles/rtl-wir-helfen-kindern-pate-guido-maria-kretschmer-342a6-6f82-18-1697760.html (Stand: 18.04.2015)
26. RTL, »Wir helfen Kindern-Pate Guido Maria Kretschmer«, vom 12.11.2013, http://www.rtl.de/cms/mein-rtl/rtl-wir-helfen-kindern/aktuelles/rtl-wir-helfen-kindern-pate-guido-maria-kretschmer-342a6-6f82-18-1697760.html (Stand: 18.04.2015)
27. ebay, »eBay ist offizieller Charity-Partner von TRIBUTE TO BAMBI 2013 – Guido Maria Kretschmer designt exklusive Charity-Clutch für eBay«, vom 12.09.2013, http://presse.ebay.de/pressrelease/4351 (Stand: 18.04.2015)
28. Bunte.de, »Zum Welt-AIDS-Tag«, http://www.bunte.de/videos/weltaidstag.html (Stand: 18.04.2015)
29. Bunte.de, »Ich springe nicht aus einer Torte«, vom 11.05.2014, http://bunte.bvdw.irquest.com/mode-stil/guido-m-kretschmer-ich-springe-nicht-aus-einer-torte-85105.html (Stand: 18.04.2015)
30. Bunte.de, »Ich springe nicht aus einer Torte«, vom 11.05.2014, http://bunte.bvdw.irquest.com/mode-stil/guido-m-kretschmer-ich-springe-nicht-aus-einer-torte-85105.html (Stand: 18.04.2015)
31. Bunte.de, »Ich springe nicht aus einer Torte«, vom 11.05.2014, http://bunte.bvdw.irquest.com/mode-stil/guido-m-kretschmer-ich-springe-nicht-aus-einer-torte-85105.html (Stand: 18.04.2015)
32. Bunte.de, »Ich springe nicht aus einer Torte«, vom 11.05.2014, http://bunte.bvdw.irquest.com/mode-stil/guido-m-kretschmer-ich-springe-nicht-aus-einer-torte-85105.html (Stand: 18.04.2015)
33. presseportal, »Barbara Schöneberger und Guido Maria Kretschmer im viva!-Gespräch: ›Mit 40 sollte man kein ewiges Mädchen mehr sein, kein Disco-Girl‹«, vom 01.10.2014, http://www.presseportal.de/pm/59991/2844327/barbara-schoeneberger-und-guido-maria-kretschmer-im-viva-gespraech-mit-40-sollte-man-kein-ewiges (Stand: 2014)
34. presseportal, »Barbara Schöneberger und Guido Maria Kretschmer im viva!-Gespräch: ›Mit 40 sollte man kein ewiges Mädchen mehr sein, kein Disco-Girl‹«, vom 01.10.2014, http://www.presseportal.de/pm/59991/2844327/barbara-schoeneberger-und-guido-maria-kretschmer-im-viva-gespraech-mit-40-sollte-man-kein-ewiges (Stand: 2014)
35. Bunte.de, »Jetzt kann sich jeder seine Mode leisten«, vom 28.11.2014, http://www.bunte.de/mode-stil/guido-maria-kretschmer-jetzt-kann-sich-jeder-seine-mode-leisten-111441.html (Stand: 18.04.2015)
36. Wunderweib.de, »Guido Maria Kretschmer entwirft eigenes Parfüm«, vom 08.01.2015, http://www.wunderweib.de/beauty/guido-maria-kretschmer-entwirft-eigenes-parfuem-a172220.html (Stand: 18.04.2015)
37. »Prominent! – Das Guido Maria Kretschmer-Spezial«, Vox, (Sendung vom 01.09.2013)
38. »Prominent! – Das Guido Maria Kretschmer-Spezial«, Vox, (Sendung vom 01.09.2013)
39. »Prominent! – Das Guido Maria Kretschmer-Spezial«, Vox, (Sendung vom 01.09.2013)

40. Kurier.at, »Guido Maria Kretschmer: Ein bisschen Fernsehstar spielen«, 25.12.2014, http://kurier.at/menschen/international/guido-maria-kretschmer-wird-alles-zuviel/104.524.328 (Stand: 18.04.2015)
41. Stern.de, »Es war sofort um mich geschehen«, vom 11.02.2015, http://www.stern.de/lifestyle/leute/2-deutschlands-schoenste-frau-startet-bei-rtl-2171687.html (Stand: 18.04.2015)

Sonstige Quellen

http://www.bild.de/10um10/2014/10-um-10/die-besten-sprueche-von-<<guido>>-<<maria>><<kretschmer>>-35955174.bild.html (Stand: 20.04.2015)

http://www.bz-berlin.de/kultur/fernsehen/guido-maria-kretschmer-weinte-liebestraenen (Stand: 20.04.2015)

http://www.rtl.de/cms/sendungen/show/deutschlands-schoenste-frau/deutschlands-schoenste-frau-guido-maria-kretschmer-verraet-erste-details-im-interview-44a09-cba4-20-2161229.html (Stand: 20.04.2015)

http://www.berlin.de/aktuelles/berlin/3689007-958092-guido-maria-kretschmer-ich-bin-keine-pri.html (Stand: 20.04.2015)

http://intouch.wunderweib.de/stars/starnews/artikel-3322418-starnews/Guido-Maria-Kretschmer-schwaermt-von-seiner-Mama.html (Stand: 20.04.2015)

http://www.amica.de/mode/stars_designer/guido-maria-kretschmer-mein-mann-muss-tragen-was-ich-schoen-finde_id_3642062.html (Stand: 20.04.2015)http://www.bunte.de/panorama/dieter-bohlen-erstes-baby-interview-nach-der-geburt-52276.html (Stand: 20.04.2015)

http://www.promiflash.de/bei-diesem-star-wird-guido-m-kretschmer-schwach-14092854.html (Stand: 20.04.2015)

http://www.bunte.de/videos/guido-maria-kretschmer-sein-fussball-herz-schlaegt-fuer-mats-hummels-86118.html (Stand: 20.04.2015)

http://www.gala.de/beauty-fashion/fashion/guido-maria-kretschmer-fuer-die-zweite-reihe-bin-ich-nicht-gemacht_1117092_225789.html (Stand: 20.04.2015)

http://intouch.wunderweib.de/entertainment/artikel-3211795-entertainment/Guido-Maria-Kretschmer-So-feiert-er-Weihnachten.html (Stand: 20.04.2015)

http://www.gq-magazin.de/unterhaltung/stars/guido-maria-kretschmer-wir-sind-textilemanzipiert/guido-maria-kretschmer-naomi-ist-pure-weiblichkeit (Stand: 20.04.2015)

http://www.bild.de/unterhaltung/leute/guido-maria-kretschmer/schreibt-ueber-seine-frauengeschichten-38390882.bild.html (Stand: 20.04.2015)

http://www.glamour.de/mode/mode-news/guido-maria-kretschmer-im-interview-man-selbst-muss-der-groesste-bewunderer-seines-eigenen-looks-sein (Stand: 20.04.2015)

http://www.vox.de/medien/sendungen/shopping-queen/500-das-jubilaeum/3e5cb-1e7dcc-c7db-13/guido-maria-kretschmer-seine-besten-sprueche-aus-500-folgen-shopping-queen.html (Stand: 20.04.2015)

http://www.styleranking.de/mode/kleidung/guido-maria-kretschmer-meine-kollektion-heist-wie-mein-hund-115545 (Stand: 20.04.2015)

http://www.bunte.de/mode-stil/guido-maria-kretschmer-meine-windhunde-und-ich-60000.html (Stand: 20.04.2015)

http://www.gala.de/stars/news/newsfeed/guido-maria-kretschmer-gelernte-krankenschwester_1026535.html (Stand: 20.04.2015)

http://www.brigitte.de/mode/trends/guido-maria-kretschmer-online-shop-1223538/ (Stand: 20.04.2015)

http://www.express.de/promi-show/weihnachten-beim-mode-star-kretschmer-nennt-seinen-christbaum-herbert,2186,25483262.html (Stand: 20.04.2015)

http://www.express.de/promi-show/guido-maria-kretschmer-seine-eltern-sind-sein-groesster-schatz,2186,28996372.html (Stand: 20.04.2015)

http://www.bild.de/unterhaltung/leute/guido-maria-kretschmer/das-traurige-geheimnis-um-seine-eltern-31919204.bild.html (Stand: 20.04.2015)

http://www.frauenzimmer.de/cms/liebe-singles/guido-maria-kretschmer-privat-mein-freund-ist-endstufe-mensch-38064-9f93-17-1670991.html (Stand: 20.04.2015)

http://www.welt.de/welt_print/article1932980/Mit-fuenf-Jacken-fuer-Udo-Lindenberg-fing-alles-an.html (Stand: 20.04.2015)

http://www.promiflash.de/getraut-guido-maria-kretschmer-hat-geheiratet-12040447.html (Stand: 20.04.2015)

http://www.brigitte.de/mode/trends/guido-maria-kretschmer-interview-1220444/ (Stand: 20.04.2015)

http://www.bunte.de/mode-stil/guido-maria-kretschmer-wir-verreisen-mit-drei-ponys-97832.html (Stand: 20.04.2015)

http://www.amica.de/mode/stars_designer/guido-maria-kretschmer-karl-und-ich-sind-wahrscheinlich-verwandt_id_3151959.html (Stand: 20.04.2015)

http://www.bunte.de/mode-stil/guido-maria-kretschmer-es-gab-nur-geschmackloses-gruenzeug-98702.html (Stand: 20.04.2015)

http://www.germandailynews.com/bericht-51010/guido-maria-kretschmer-frauen-haben-maennern-eine-menge-voraus.html#sthash.Q2sABBU1.dpuf (Stand: 20.04.2015)

http://www.wunderweib.de/beauty/guido-maria-kretschmer-entwirft-eigenes-parfuem-a172220.html (Stand: 20.04.2015)

http://www.myself.de/mode-stil/modetrends-tipps/guido-maria-kretschmer-im-interview-vergessen-sie-bauchfrei (Stand: 20.04.2015)

http://www.gofeminin.de/styling-tipps/guido-maria-kretschmer-waesche-s418277.html (Stand: 20.04.2015)

http://www.bildderfrau.de/mode-stilberatung/mode-basics-tipps-guido-maria-kretschmer-d59125c660630.html (Stand: 20.04.2015)

http://www.gq-magazin.de/unterhaltung/stars/guido-maria-kretschmer-wir-sind-textil-emanzipiert/guido-maria-kretschmer-naomi-ist-pure-weiblichkeit (Stand: 20.04.2015)

http://www.abendzeitung-muenchen.de/inhalt.rtl-show-mit-guido-maria-kretschmer-sie-wollen-deutschlands-schoenste-frau-werden.15e1a073-f069-4a19-b207-6577015defdd.html (Stand: 20.04.2015)

http://www.frauenzimmer.de/cms/mode-beauty/guido-maria-kretschmer/cocktailkleid-und-co-guido-maria-kretschmer-zeigt-wem-welches-abendkleid-stehtt-42dbc-bf6f-18-2131362.html (Stand: 20.04.2015)

http://www.amica.de/liebe-psychologie/soziologie-privatsache-handtasche_aid_15258.html (Stand: 20.04.2015)

http://www.gofeminin.de/news-stars/guido-maria-kretschmer-so-finden-sie-die-perfekte-handtasche-s172212.html (Stand: 20.04.2015)

http://www.express.de/promi-show/guido-maria-kretschmer--ich-liebe-frauen---ich-bin-eine-r--von-ihnen-,2186,29758256,item,1.html (Stand: 20.04.2015)

http://www.bild.de/unterhaltung/leute/hotter-than-my-daughter/guido-maria-kretschmer-kritisiert-eigene-show-36897960.bild.html (Stand: 20.04.2015)

http://www.stern.de/kultur/tv/hotter-than-my-daughter-hauptsache-sexy-angepasst-2110664.html (Stand: 20.04.2015)

http://www.morgenpost.de/vermischtes/stars-und-promis/article128059421/<<Guido>>-<<Maria->><<Kretschmer>>-laesst-sich-selbst-gern-kritisieren.html (Stand: 20.04.2015)

http://www.vox.de/medien/sendungen/promi-shopping-queen/3511a-1a5b31-aeb0-41/guido-maria-kretschmer-erwischt-die-kanzlerin-bei-promi-shopping-queen.html (Stand: 20.04.2015)

http://www.gala.de/stars/news/guido-maria-kretschmer-verlaesst-er-das-supertalent_1190660.html?utm_source=RCN_rtl&utm_medium=text&utm_campaign=veeseo_RCN (Stand: 20.04.2015)

http://www.abendblatt.de/vermischtes/article2150442/Bruce-Darnell-der-Sanfte-an-Bohlens-Seite.html (Stand: 20.04.2015)

http://www.abendblatt.de/vermischtes/article132686136/Lena-Gercke-will-mehr-als-nur-Spielerfrau-sein.html (Stand: 20.04.2015)

http://www.amica.de/liebe-psychologie/tid-3926/die-psychologie-des-stils-du-bist-was-du-traegst_aid_12836.html (Stand: 20.04.2015)

http://www.frauenzimmer.de/cms/mode-beauty/guido-maria-kretschmer/guido-maria-kretschmer-for-hoegl-designer-praesentiert-schuhkollektion-38fa1-bf6f-13-1837047.html (Stand: 20.04.2015)

http://www.gofeminin.de/modetrends/mode-no-gos-guido-maria-kretschmer-d48443.html (Stand: 20.04.2015)

http://www.bunte.de/panorama/guido-maria-kretschmer-bruce-weint-viel-schoener-als-ich-52040.html (Stand: 20.04.2015)

http://de.wikipedia.org/wiki/Dieter_Bohlen (Stand: 20.04.2015)

http://www.welt.de/wirtschaft/article113146306/So-funktioniert-das-Unternehmer-Hirn-Dieter-Bohlen.html (Stand: 20.04.2015)

http://de.wikipedia.org/wiki/Bruce_Darnell (Stand: 20.04.2015)

http://de.wikipedia.org/wiki/Lena_Gercke (Stand: 20.04.2015)

http://www.vip.de/cms/lena-gercke-spricht-ueber-ihre-hochzeitsplaene-mit-sami-khedira-4191a-c8ef-28-2093855.html (Stand: 20.04.2015)

http://www.prosieben.de/stars/news/lena-gercke-von-guido-maria-kretschmer-gelobt-das-ist-nie-so-tussi-062645 (Stand: 20.04.2015)

http://kurier.at/menschen/international/guido-maria-kretschmer-wird-alles-zuviel/104.524.328 (Stand: 20.04.2015)

http://www.hunde-fan.de/hunderassen/barsoi/ (Stand: 20.04.2015)

Quellenangaben

http://www.promipool.de/artikel/deutschlands-schoenste-frau-darum-hat-kandidatin-sam-eine-glatze-119929/ (Stand: 20.04.2015)

http://www.salsa-und-tango.de/deutschlands-schoenste-frau-die-20-kandidatinnen-von-z-a/58969/ (Stand: 20.04.2015)

http://www.tvmovie.de/news/wer-wird-die-schoenste-frau-deutschlands-9990107 (Stand: 20.04.2015)

http://www.derwesten.de/kultur/fernsehen/traenen-zum-start-von-deutschlands-schoenste-frau-id10337992.html (Stand: 20.04.2015)

http://www.bild.de/video/clip/guido-maria-kretschmer/guido-marias-kinderwunsch-ich-haette-gerne-eine-gebaermutter-38072858.bild.html (Stand: 20.04.2015)

http://www.gala.de/stars/story/sonja-kirchberger-glueck-ist-disziplin_915366.html (Stand: 20.04.2015)

Guido bei Inas Nacht, 12.04.2014 23:20 Uhr
http://www.ndr.de/fernsehen/sendungen/inas_nacht/Hunde-Psychiater-trifft-Mode-Macher,sendung78182.html (Stand: 20.04.2015)

https://www.youtube.com/watch?v=HZjIih58Qhw (Stand: 20.04.2015)

http://www.presseportal.de/pm/59991/2844327/barbara-sch-neberger-und-guido-maria-kretschmer-im-viva-gespr-ch-mit-40-sollte-man-kein-ewiges-m (Stand: 20.04.2015)

MallorcaHEUTE 2010

http://intouch.wunderweib.de/stars/starnews/artikel-3193474-starnews/Guido-Maria-Kretschmer-spricht-ueber-seinen-Kinderwunsch.html (Stand: 20.04.2015)

http://www.promiflash.de/guido-maria-kretschmer-zu-alt-fuer-eigene-kinder-13120541.html (Stand: 20.04.2015)

http://www.express.de/promi-show/private-einblicke-guido-maria-kretschmer--auf-den-hund-gekommen,2186,28734056.html (Stand: 20.04.2015)

http://www.vip.de/cms/guido-maria-kretschmer-diese-rituale-geben-ihm-kraft-4120e-c8ef-21-2080403.html (Stand: 20.04.2015)

http://www.couch-mag.de/guido-maria-kretschmer-%C3%83%C2%BCber-m%C3%83%C2%B6bel-und-design-65427 (Stand: 20.04.2015)

http://www.vox.de/medien/sendungen/shopping-queen/3f9d4-1f07a3-ad47-17/guido-maria-kretschmer-der-bratschlauch-mit-seitenglitzer.html (Stand: 20.04.2015)

http://fashiioncarpet.com/wordpress/shopping-queen-bloggerspecial-fashiioncarpet-10-fakten/ (Stand: 20.04.2015)

http://www.desired.de/guido-maria-kretschmer-als-gastdesigner-bei-the-face-/id_62742892/index (Stand: 20.04.2015)

http://www.welt.de/vermischtes/prominente/article120441324/Naomi-Campbell-riecht-so-gut-wie-ein-Raubtier.html (Stand: 20.04.2015)

http://www.tagesspiegel.de/weltspiegel/sonntag/guido-maria-kretschmer-der-mann-der-die-frauen-anzieht/9315934.html (Stand: 20.04.2015)

http://www.extremnews.com/nachrichten/medien/ae0a153ea167795 (Stand: 20.04.2015)

http://www.desired.de/guido-maria-kretschmer-interview-ueber-die-kollektion-fuer-den-sommer-2015/id_70147422/index (Stand: 20.04.2015)

http://www.reichertplus.com/de/kunden/personality/guido-maria-kretschmer/
(Stand: 20.04.2015)

http://www.brigitte.de/mode/trends/guido-maria-kretschmer-interview-1220444/
(Stand: 20.04.2015)

http://www.deutschlandradiokultur.de/die-lebenslange-sehnsucht-nach-textil.1153.de.html?dram:article_id=182290

http://www.bild.de/video/clip/guido-maria-kretschmer/kretschmer-35239454,auto=true.bild.html (Stand: 20.04.2015)